Carlos Alberto Montaner

Cuba:
Un siglo de doloroso aprendizaje

Colección Latinoamericana
bcg
Brickell Communications Group

Printed in USA
Diseño de la cubierta: Luis García Fresquet
Foto de contracubierta: Linda Montaner, septiembre, 2002

© Copyright 2002 by:
Carlos Alberto Montaner
Brickell Communications Group

Todos los derechos son reservados. Ninguna parte de este libro puede ser reproducida o transmitida en ninguna forma o por ningún medio electrónico o mecánico, incluyendo fotocopiadoras, grabadoras o sistemas computarizados, sin el permiso por escrito del autor, excepto en el caso de breves citas incorporadas en artículos críticos o revistas.

ISBN: 1-893909-03-4

Brickell Communications Group
2333 Brickell Ave., Suite H-1
Miami, FL 33129
E-mail: brickellgroup@hotmail.com

A Oswaldo Payá Sardiñas y a Osvaldo Alfonso Valdés, que mantienen la bandera en alto dentro de la Isla.
*A Roberto Fontanillas-Roig y a Frank Calzón, que **nunca la han rendido en el exilio.***

Índice

Prólogo, 9

1901: Entre la anexión y la República, 11

Un siglo de doloroso aprendizaje, 19

¿Cómo y por qué la historia de Cuba desembocó en Fidel Castro?, 45

Las tres repúblicas y el hilo que las une, 67

1898-1998 Carta a todos los cubanos, 79

Una ceremonia para salvar el futuro, 121

Fin de fiesta, 135

Un futuro posible, 145

Cavilaciones para el entierro de Fidel Castro, 163

La transición española y el caso cubano, 175

Transición o sucesión: el dilema cubano, 199

Prólogo

Los centenarios siempre son un buen pretexto para pasar balance. En mayo de 2002 la República de Cuba cumplió sus primeros cien años y no es posible afirmar que haya sido un siglo feliz: las dos terceras partes de ese periodo han transcurrido bajo gobiernos de fuerza y son millones los cubanos que han sufrido diversas clases de atropellos.

Este libro tiene tres objetivos: pretende analizar las razones históricas y culturales que explican ese fracaso (relativo), propone fórmulas para enterrar por vías pacíficas la prolongada dictadura castrista –la última, más larga y destructiva de nuestras catástrofes–, y traza lo que puede ser un futuro luminoso basado en la democracia, la economía de mercado y la tolerancia.

La obra está compuesta por conferencias y ensayos escritos para diversas tribunas: el Instituto de Estudios Cubanos y Cubano-Americanos de la Universidad de Miami, el Centro Latinoamericano y del Caribe de la Universidad Internacional de la Florida, la revista *Encuentro con la cultura cubana*, *El Nuevo Herald*, la Asociación Americana de Economistas Cubanos (ASCE) y la Fundación Canadiense para las Américas (FOCAL). Los textos, no obstante el variado origen, poseen un claro denominador común que los unifica: toman muy en serio la advertencia de Santayana sobre el riesgo en que incurrirían los pueblos incapaces de aprender de sus errores. Siempre correrían el peligro de repetirlos.

1901: Entre la anexión y la República

En 1901 una palabra clave podía definir el estado de ánimo general de los cubanos: incertidumbre. Nadie sabía exactamente cuál era la intención del gobierno de Estados Unidos con relación a la Isla. ¿Quería anexionarla a la Unión por su ya entonces gran peso azucarero, como aseguraba el senador Morgan? O, por el contrario, ¿se sujetarían los norteamericanos a la «Enmienda Teller» o «Resolución conjunta» —cámara y senado— de abril de 1898, suscrita como prólogo a la guerra entre Washington y Madrid, por la que se consignaba que Cuba tenía derecho a ser libre e independiente? Pero si inquietante era ignorar los ocultos designios americanos, complicados con señales contradictorias emitidas por funcionarios y políticos que no se ponían de acuerdo, más grave aún era desconocer cuál era, realmente, la voluntad de los propios cubanos.

En efecto, nadie sabía con razonable precisión lo que pensaba la mayoría de los cubanos. No había técnicas para *encuestar* la opinión pública, y las viejas categorías de «autonomistas» e «integristas» se habían oscurecido tras la experiencia brutal de la última guerra. En 1901 las opciones vigentes eran la independencia —la más obvia—, o la anexión a Estados Unidos, tácitamente desechada por ambas partes tras la Guerra Civil norteamericana, pero súbita y confusamente revivida tras la intervención de la Unión en el conflicto cubano. No obstante, el sentido común y la simple observación transmitían cierta información: parecía que los propietarios y las personas más acaudaladas eran partidarios de la anexión de Cuba a Estados Unidos, objetivo en el que coincidían con los españoles avecindados en la Isla, quienes veían en estos vínculos una garantía a sus vidas y propiedades.

Por otra parte, daba la impresión de que los criollos blancos educados, los campesinos de todas las razas y los negros y mulatos de las zonas urbanas, mayoritariamente preferían la independencia, aunque es probable que ese sentimiento nacionalista no estuviera uniformemente implantado en toda la Isla. En el occidente, La Habana incluida, siempre existió una cierta desconfianza frente a la capacidad de los cubanos para ejercer plenamente la soberanía —de ahí el notable éxito de la fórmula «autonomista» en la región—, mientras que en el oriente del país predominaban las tendencias separatistas.

Sin liderazgo ni legitimidad
La falta de un claro consenso nacional sobre la naturaleza del Estado que estaba a punto de gestarse —o de abortar— iba acompañada de otro elemento extremadamente debilitador: la ausencia de un liderazgo indiscutible en las filas cubanas. Muertos Martí, Maceo y Calixto García —este último durante una visita oficial a Washington en 1898—, Máximo Gómez decidido a inhibirse —«los hombres de la guerra son para la guerra, los de la paz para la paz»— y ásperamente enfrentado a numerosos militares cubanos, ninguno de los jefes del Ejército Libertador contaba con el respaldo abrumador de los soldados rebeldes y mucho menos de la vacilante sociedad civil cubana.

Más aún: entre las disposiciones del *Partido Revolucionario Cubano*, gestor del ejército mambí, estaba la de disolver esa fuerza militar una vez obtenida la victoria. Así que en el momento en que Estados Unidos pidió el licenciamiento de las tropas cubanas, lo que comenzó a discutirse fue cómo hacerlo, cuánto había que pagarles a los soldados –muchos de ellos pobres hasta la indigencia–, y el monto dispuesto a prestar para hacerle frente a esta masiva desmovilización de algo más de treinta mil rebeldes. Finalmente, tras unas humillantes discusiones, la suma acordada fue de tres millones de dólares, muy inferior a los diez solicitados, lo que añadió una gran dosis de amargura entre los frustrados ex combatientes.

En el terreno político ocurría algo parecido. Los estatutos del *Partido Revolucionario Cubano* indicaban la disolución de la institución tan pronto como la guerra fuera ganada, cosa que también sucedió de manera casi natural. Martí, creador del PRC, en su celo por evitar el surgimiento del caudillismo o del militarismo, y obsesionado por la historia de abusos y atropellos cometidos en toda América tras el advenimiento de las repúblicas, quiso ahorrarles esos conflictos a los cubanos, pero en sus cálculos no entró que la derrota de España sería a manos de otra potencia imperial, lo cual dejaba a los independentistas sin un cauce natural para aspirar al poder.

En 1898, tras el fin de la guerra, sólo quedó una débil estructura capaz de insinuar la jerarquía de los independentistas: el *Gobierno de la República de Cuba en Armas*, presidido por el general Bartolomé Masó, pero su oportunidad histórica se había esfumado varios meses antes, sin que nadie lo advirtiera, cuando el Congreso americano ignoró una declaración de reconocimiento oficial propuesta por el senador Joseph Benson Foraker –uno de los más sagaces críticos del *jingoísmo* imperialista–, optando este parlamento por la más vaga «enmienda Teller».

Carente de la fuente de legitimidad defendida por Foraker, con el ejército mambí desmantelado y el *Partido Revolucionario Cubano* disuelto, el «gobierno de Masó» no pasaba de ser una fantasmagórica entelequia que no tenía otro peso específico que el de las biografías de tres de sus más distinguidos integrantes: el propio Masó –un hombre enérgico, difícil, que había tenido sus encontronazos con Maceo–, Domingo Méndez Capote, vicepresidente, y José B. Alemán, Secretario de Guerra.

Entre la anexión y la República

Anexionistas e independentistas
¿Por qué la administración de McKinley, tras la explosión del Maine y cuando parecía inevitable la guerra con España, se había negado a reconocer al Gobierno de la República de Cuba en armas? Seguramente, para dejar entre abierta la puerta de la anexión. Pero, si ése era el propósito oculto, ¿por qué se había aprobado la Enmienda Teller que declaraba que Cuba tenía el derecho a ser libre e independiente? Nadie puede asegurarlo, pero probablemente la mejor conjetura es ésta: porque la clase dirigente norteamericana estaba profundamente dividida en cuanto a los objetivos de la intervención en Cuba, brecha que muy hábilmente aprovechó el *lobby* independentista de los exiliados cubanos, asesorado por el abogado Horatio Rubens, el amigo de Martí, para arrancarle al Congreso un compromiso formal que garantizaba el derecho a la independencia. Los anexionistas pudieron evitar la declaración de Foraker, pero, sin demasiado entusiasmo debieron admitir la de Teller.

Había en Washington genuinos partidarios de la independencia —como el senador Foraker—, y había «halcones» como Teddy Roosevelt que esperaban que la Isla fuera anexada a Estados Unidos, tal y como se había hecho con Hawaii, precisamente en 1898. En todo caso, la «Resolución Conjunta» no cancelaba totalmente la posibilidad de la anexión. Hacía medio siglo, los texanos, antes de pedir su incorporación a la Unión, habían pasado por el expediente de crear una fugaz república. Los cubanos, pues, que en su momento habían copiado la bandera de la estrella solitaria de la república texana, podían ejercer su soberanía de la misma manera. La «Enmienda Teller» impedía, ciertamente, que Cuba —como ocurrió con Puerto Rico y Filipinas— fuera convertida en una colonia *manu militari*, pero no que los cubanos, libremente, por su propia decisión —pensaban los anexionistas—, motivados por la gratitud, la defensa de sus intereses económicos y el temor al caos a que podía conducir el autogobierno, solicitaran integrarse en el poderoso estado vecino.

Eso era lo que en el bando anexionista norteamericano, dirigido por el Secretario de Estado Elihu Root, un brillante político y diplomático, predecían que ocurriría. De ahí que antes del triunfo los norteamericanos le negaran el reconocimiento oficial al gobierno de Masó, y luego de la derrota española hicieran lo mismo con la *Asamblea* organizada por los mambises como órgano representativo de los insurrectos: la estrategia de Washington consistía en no fortalecer las estructuras independentistas y no provocar un drástico cambio de mando.

Convocatoria a elecciones
Para lograr sus propósitos los norteamericanos tenían que hilar muy fino. Primero debían crear un gobierno local, pero con las facultades mermadas, de manera que fuera posible la absorción cuando llegara su momento. Para conseguir el objetivo inicial ordenaron la celebración de unas elecciones municipales seguidas de otra consulta popular encaminada a escoger a un grupo de cubanos que debería redactar una constitución que serviría de base al Estado que pronto cobraría forma. Para obtener el segundo objetivo, le colocarían ciertos límites al ejercicio soberano de ese Estado: la posteriormente famosa «Enmienda Platt», obligatoriamente colocada como apéndice a la Constitución como condición *sine qua non* para poner fin a la ocupación norteamericana. O los cubanos la aceptaban o los norteamericanos no se iban. A regañadientes, entre los constituyentistas cubanos prevaleció el espíritu de los *posibilistas* y la enmienda fue admitida.

Es verdad que existía en Washington un legítimo temor a que los cubanos no fueran capaces de administrar el país correctamente –lo que colocaba a los norteamericanos en una situación difícil dados los acuerdos del *Tratado de París* que garantizaba la vida y la hacienda de los españoles–, y no era incierto que se temía al apetito imperial de poderes europeos como el alemán y el británico, entonces embarcados en una política exterior muy agresiva cuyos colmillos ya se veían en el Caribe, pero el propósito de fondo, nunca confesado abiertamente, era otro: crear en la Isla, de hecho, una especie de protectorado que pudiera evolucionar sin traumas hacia el ámbito soberano de Estados Unidos. En una correspondencia confidencial del general Leonardo Wood, jefe militar norteamericano en Cuba, a Theodore Roosevelt, entonces vicepresidente americano, estas intenciones se manifiestan con absoluta claridad: «Lo principal ahora es establecer el Gobierno cubano. Nadie lo ansía más que yo, siempre que lo sea de modo que resulte duradero y seguro hasta el momento en que el pueblo de Cuba desee establecer relaciones más íntimas con los Estados Unidos».

Más claro, ni el agua, pero el tiro salió por la culata. Paradójicamente, estas dos directrices del gobierno militar –la convocatoria a elecciones municipales y a una asamblea constituyente– pusieron en marcha una dinámica política que haría imparable el advenimiento de la República y consolidaría la tendencia independentista de forma inequívoca. En efecto, el proceso electoral para escoger alcaldes y autoridades locales (16 de junio de 1900), seguido de la disposición militar que ordenaba unos comicios para seleccionar a los miembros a la Convención Constituyente (15 de septiembre del mismo año), tuvieron como resultado la inmediata vertebración de los primeros partidos políticos cubanos y la legitimación de una clase dirigente que, casi toda salida de la guerra de independencia, pero con espacios generosos conquistados por los autonomistas, contaba ahora con la autoridad que otorgaba la democracia. La Enmienda Platt, por su parte, sirvió para galvanizar la corriente nacionalista y para darles nuevos bríos a los decaídos ímpetus independentistas. Por primera vez cientos de cubanos se lanzaron a las calles gritando una consigna impensable pocos meses antes: «¡No a las carboneras!». Se referían a las bases de aprovisionamiento de carbón que los norteamericanos exigían crear en suelo cubano.

Partidos políticos y tendencias
Dos fueron los candidatos que, inicialmente, pensaron optar por la primera magistratura. Uno, tal vez el más predecible, era el general Bartolomé Masó, último presidente de la república en armas, combatiente desde 1868, y el otro, Tomás Estrada Palma, maestro en Estados Unidos, cuáquero, también ex presidente de Cuba en la manigua, pero durante la Guerra de los Diez Años, y presidente del *Partido Revolucio-*

nario Cubano por recomendación de José Martí, quien lo tenía en alta estima.

¿Qué separaba a ambos hombres en el terreno ideológico? Probablemente la actitud ante la Enmienda Platt. A Masó, como a muchos cubanos, le parecía una intolerable mutilación de los atributos soberanos de la naciente república. Estrada Palma, en cambio, la percibía como un inconveniente poco sustantivo. Al fin y al cabo, las limitaciones impuestas al país podían ser humillantes en un plano subjetivo, pero en modo alguno lo perjudicaban, salvo que Estados Unidos se viera envuelto en una guerra internacional y ello arrastrara a los cubanos al conflicto. Por otra parte, mientras Masó parecía confiar en la capacidad de los cubanos para el autogobierno, Estrada siempre tuvo serias sospechas, como se vería varios años más tarde, en 1906, cuando Don Tomás, ya presidente, le pediría a Roosevelt una nueva intervención norteamericana encaminada a sofocar una rebelión que tomaba las características de una verdadera guerra civil.

La gran ironía
Los primeros partidos políticos tomaron el nombre de «Nacional» y «Republicano», pero casi inmediatamente se fragmentaron en agrupaciones regionales dirigidas por caudillos locales, alguno de ellos, como era el caso de José Miguel Gómez, líder en Las Villas, santificado tanto por su historial militar como por la predilección norteamericana que lo había puesto al frente de esa provincia durante la ocupación militar. Curiosamente, tanto Masó como Estrada tuvieron el apoyo de grupos separatistas y autonomistas, aunque el primer partido clasista que conoció la nación, el pequeño pero activo *Partido Popular Obrero* de Diego Vicente Tejera, respaldó resueltamente la candidatura de Masó. De una manera todavía muy vaga e imprecisa, el voto sociológico de lo que hoy llamaríamos «derecha» prefirió a Estrada y el de la «izquierda» a Masó.

Cuando la candidatura de Estrada comenzó a despegar, especialmente tras el apoyo militante de Máximo Gómez, que salió a hacer campaña por «Tomasito» a lo largo de toda la Isla, y ante la creación de una Junta Electoral en la que sus hombres no participaban, Masó, después de acusar a los Estados Unidos de parcialidad y de preferir a Estrada –en lo que seguramente no le faltaba razón–, decidió retirarse del proceso y dejar a su contendiente como candidato único, pese a que éste ni siquiera se había molestado en viajar a la Isla todavía.

Finalmente, el 31 de diciembre de 1901, los cubanos concurrieron a las urnas para elegir a sus gobernantes. El país tenía un millón y medio de habitantes, de los cuales sólo un tercio –entonces las mujeres no sufragaban– podía ejercer ese derecho. Estrada Palma ganó holgadamente, pero más de cincuenta mil cubanos votaron en su contra y más de cien mil se abstuvieron de acudir a las urnas. Una cosa, sin embargo, sí estaba clara y no deja de constituir una tremenda ironía: tras el proceso de institucionalización impulsado por la intervención norteamericana, la anexión había dejado de ser una opción posible. La nación cubana ya tenía todos los elementos que le permitían convertirse en un estado independiente: la voluntad mayoritaria de la población, la cultura compartida, la historia común, los mitos, los héroes, los símbolos. Sólo faltaba la aparición de los líderes y el establecimiento de los cauces para transmitir la autoridad. Todo eso brotó casi por carambola en el angustioso año de 1901. Varios meses más tarde se inauguraría la república.

Un siglo de doloroso aprendizaje
Meditaciones sobre el primer centenario de la República (1902-2002)*

Comencemos por una especie de resumen: los papeles que siguen defienden una visión benévola, o acaso no demasiado trágica, de la historia de Cuba. Mi premisa es ésta: la conversión de una nación en un Estado, especialmente si se trata de una república verdaderamente democrática, es casi siempre un parto largo y doloroso. Es una forma de aprendizaje duro, basado en el tanteo y el error, hasta que una masa crítica de ciudadanos, tras recorrer atroces experiencias, a veces juntos, a veces enfrentados, consigue crear cierto consenso sobre el modelo de Estado y logra compartir los valores, principios y creencias que hacen posible el extraño milagro de la convivencia pacífica bajo reglas abstractas y equitativas que excluyen el uso de la violencia y la imposición de los más fuertes.

Hace un siglo, el 20 de mayo de 1902, se estableció formalmente la República de Cuba. Hasta hoy, *grosso modo*, los cubanos, a trancas y barrancas, hemos disfrutado de 36 años de legitimidad política surgida de la voluntad popular con arreglo a las leyes, y hemos padecido 64 de gobiernos basados en la fuerza, tuvieran o no el apoyo de la población. Vale la pena explicar cómo llegamos a esta última cifra: tres años de la segunda intervención norteamericana (1906-1909); el segundo periodo de Machado (1928-1933), elección plagada

---

* Conferencia pronunciada en el Koubek Center de la Universidad de Miami, auspiciado por el Instituto de Estudios Cubanos y Cubano-Americanos, el 9 de mayo de 2002.

Un siglo de doloroso aprendizaje

de irregularidades que culmina en la renuncia y fuga del general; los siete años de revolución postmachadista (1933-1940); los siete años de la dictadura de Batista (1952-1959); y los cuarenta y tres años de Fidel Castro hasta el pasado 1 de enero (1959-2002).

Por cada año de legitimidad, hasta ahora hemos tenido dos de lo contrario. El dato es incómodo, pero lejos de paralizarnos en el lamento o en la asignación de culpabilidades, debiera ser útil como punto de partida de una reflexión encaminada a tratar de averiguar las causas de este fracaso relativo, y, de ser posible, a evitar inconvenientes parecidos en nuestra futura vida pública. No es ésta, por supuesto, una historia política de la que podamos enorgullecernos, pero luego veremos que el fracaso en la constitución de los Estados modernos y en la consolidación del modelo liberal democrático no es algo inusual o excéntrico, sino casi la regla en el mundo contemporáneo posterior al fin del absolutismo.

La norma es el fracaso
Vale la pena, pues, consolarnos, como se supone que hacen los tontos, en una observación portadora de cierto alivio comparativo: el Estado de Derecho como modelo de convivencia ciudadana, la república como carpintería institucional, y la democracia como método para administrar una y otra, son formas de relación muy nuevas y complejas, de difícil aprendizaje, y trabajosamente adaptables a la naturaleza de los seres humanos. Probablemente durante varios cientos de miles de años —los antropólogos no se ponen de acuerdo en la fecha en que los cromañones comenzaron a organizarse en estructuras más complejas que la simple manada— las relaciones de poder se formaron sobre la base de la jefatura del más fuerte, del que tenía la capacidad potencial de infligir el mayor daño a los miembros del grupo propio o a los odiados adversarios. Con el tiempo, mucho tiempo, se fue abriendo paso la idea de un tipo distinto de organización de la autoridad, basada en la razón y no en la fuerza, pero de eso no tenemos constancia fehaciente hasta hace

pocos siglos, y lo que sabemos es que, hasta el siglo XVII, cada intento de recurrir a este modelo de gobierno acabó en una forma de tiranía. No debe olvidarse que dos mil quinientos años antes de Cristo, los griegos —al menos los atenienses y ciertas ciudades-estados bajo su magisterio y zona de influencia— intentaron regirse por procedimientos basados en la razón y las reglas y no en la fuerza y la arbitrariedad discrecional de los poderosos, pero sus esfuerzos generalmente acabaron estrellados contra la aparición de tiranos aplaudidos por las multitudes, más o menos como sucedió en la Roma republicana, luego transformada en un Imperio regido por monarcas a los que se les atribuía una condición casi divina.

En nuestra era, surgida de la Ilustración, lo que sucede no es muy diferente. Lo frecuente es fracasar una y otra vez hasta que la sociedad, poco a poco, adopta los valores que hacen posible una relación entre gobernantes y gobernados fundada en la razón y la concordia, pero sin ninguna garantía de que hemos dado con una fórmula definitiva de conducta política. La experiencia más bien conduce a una melancólica certeza de signo contrario: el principio de entropía que actúa en la naturaleza, y que condena a su destrucción toda organización de la materia, no excluye a las instituciones creadas por las personas. La tendencia natural de todo Estado es a evolucionar en forma zigzagueante hacia su desorganización, no hacia su perfeccionamiento, como podemos aprender de tantas ruinas que suelen estudiar historiadores y paleontólogos, aunque existan esperanzadores periodos de auge que nos transmitan la falsa sensación de que el mundo en el que vivimos sobrevivirá eternamente. Sin embargo, pese a esta ominosa convicción, nuestra responsabilidad moral, y probablemente nuestro instinto, son batallar contra esas fuerzas destructivas e intentar que nuestro modo de relacionarnos prevalezca el mayor tiempo posible, de la misma manera que la fatal seguridad de que algún día hemos de morir no nos impide luchar por retardar ese momento.

Un siglo de doloroso aprendizaje

Por eso al inicio de estos papeles me refería al fracaso "relativo" de la república cubana. Era precisamente por los años en los que los cubanos guerreaban por separarse de España —unos para anexarse a la Unión Americana, otros para establecer un Estado independiente— cuando los italianos y los alemanes pugnaban a dentelladas por unir los fragmentos de sus respectivas tribus en Estados unitarios, o cuando la venerada Francia encontraba cierto sosiego institucional tras la renuncia del autoritario Luis Napoleón III —casi a los cien años de iniciarse la revolución francesa—, todo ello ocurrido en el agitado bienio de 1870-1871, tras décadas de guerras, conspiraciones y cuartelazos. En todo caso, estos tres Estados, hoy envidiados modelos de civilidad y de respeto por los derechos humanos, a lo largo del siglo XX exhibieron monstruosos comportamientos totalitarios durante los años terribles del fascismo, el nazismo o la desdichada República de Vichy creada por los franceses a instancias del invasor alemán.

Acostumbrados como estamos a contemplar con admiración el fenómeno de la república estadounidense, con sus doscientos veintiséis años de ininterrumpido funcionamiento —parcialmente exceptuados los cuatro de la Guerra Civil—, nos figuramos que cualquier nación que se aparte de esta exitosa historia de continuidad institucional constituye un fracaso total, pero eso no es cierto. La verdad es que Estados Unidos es una extraña excepción a la regla. El resto de eso a lo que llamamos "naciones civilizadas de Occidente", y muy especialmente las repúblicas modernas, tuvieron un largo periodo de altibajos y contratiempos hasta que consiguieron transformarse en Estados de Derecho verdaderamente democráticos, sean hoy repúblicas o monarquías.

Más aún: la estabilidad democrática de Estados Unidos, al margen de los méritos de la generación de Washington, Jefferson y Madison —un grupo admirable de políticos—, tiene una explicación histórica que generalmente se omite. Las Trece Colonias que constituyeron el núcleo fundacional de Estados Unidos formaban parte de Gran Bretaña y eran herederas de una larga experiencia política transcurrida a lo largo de varios siglos de lucha casi siempre sangrienta por la conquista de libertades y por el establecimiento de un tipo de gobierno constitucionalista en el que los poderes reales estuvieran limitados por la influencia del Parlamento. "Los americanos" no surgieron de la nada, sino de hitos británicos como la imposición de límites a la autoridad, a principios del siglo XIII, al monarca John "Lackland", o Juan "Sin Tierra", nombre castellano de este peculiar gobernante, hermano de Ricardo Corazón de León. Surgieron de la ejecución del rey Carlos I, de la sombría dictadura de Cronwell, y, finalmente, de la llamada Revolución Gloriosa de 1689, cuando la nueva dinastía aceptó colocar al rey inglés bajo la autoridad del Parlamento.

Los angloamericanos, convertidos en estadounidenses a partir de 1776, tenían tras ellos toda esa historia truculenta de patíbulos regios, guerras, fracasos y enfrentamientos. Tenían en su haber a Thomas Hobbes, a John Milton, a James Harrington, a John Locke, víctimas y protagonistas de la lucha por cambiar las formas políticas de Inglaterra. Los textos constitucionales de las colonias habían sido escritos con este bagaje cultural como referencia. Había una cierta experiencia de autogobierno, y los principios y valores de la monarquía constitucional inglesa habían sido asumidos por el conjunto de la sociedad norteamericana de una manera natural. Incluso, el enfrentamiento de los angloamericanos con Londres no se debió al surgimiento de un fuerte sentimiento nacionalista, sino al incumplimiento por parte de los británicos de una regla básica del pacto entre gobernantes y gobernados que ya aparece en la *Carta Magna* de Juan Sin Tierra: no debe haber impuestos sin la aprobación previa de los representantes de quienes deben pagarlos. *"No taxation without representation"*. No era una revolución contra la ley la que plantearon los norteamericanos, sino a favor de la ley. Por eso, entre otras razones, cuando en 1776 se proclama la República, los flamantes estadounidenses, contra el criterio de las representaciones diplomáticas europeas en América, que auguraban

Un siglo de doloroso aprendizaje

la disolución casi inmediata del nuevo Estado en medio del caos, consiguieron prevalecer. Paradójicamente, la fuerza que los guiaba en la dirección del orden era la mentalidad social del poder colonial al que acababan de derrocar por medio de las armas. Habían ganado los estadounidenses, pero habían triunfado el espíritu constitucionalista de los ingleses y algunas de las reflexiones más pesimistas de Hobbes sobre la naturaleza humana, elementos que llevaron a los "padres fundadores" de la patria norteamericana a crear una república estructurada por medio de poderes que se equilibraban y contrapesaban, concebidos para evitar la humana tendencia a atropellar al prójimo si de ello se obtenía algún beneficio.

Volvamos ahora a los cubanos. En 1868, cuando nuestros antepasados se lanzaron a la manigua, formaban parte de España no sólo como un apéndice colonial enmascarado como una supuesta "provincia de ultramar", sino también se insertaban en una cierta mentalidad social, en una peculiar historia política muy diferente a la inglesa y, por supuesto, a la de los vecinos angloamericanos. Los hispanocubanos – denominación perfectamente razonable para los criollos y mestizos hasta 1898— no habían vivido la experiencia de una monarquía sometida al control del parlamento, apenas tenían experiencia en funciones de autogobierno, y la raquítica representación que finalmente obtuvieron ante las Cortes españolas no pasó de ser un demagógico gesto simbólico concebido para disfrazar la realidad colonial que definía las relaciones entre Madrid y la Isla.

Pero a los propios españoles tampoco les iba mucho mejor en la Península. Los esfuerzos de los liberales españoles por controlar el poder real habían fracasado a lo largo del siglo XIX. Fernando VIII devolvió a los Borbones a la casa de gobierno al grito de "¡Vivan las *caenas*!" proferido por sus partidarios, e inmediatamente liquidó la prometedora Constitución de Cádiz de 1812. En 1823 el breve trienio liberal (1820-1823) fue ahogado por las monarquías reaccionarias europeas y su expedición de los "cien mil hijos de San Luis".

Luego, tras la muerte del despótico rey, sobrevinieron las terribles guerras carlistas desatadas por la supuesta ilegitimidad de la viuda y la hija del rey muerto para continuar al frente de la Corona. Todo ello entreverado con varias décadas de pronunciamientos militares y caos que culminan en la revolución de 1868, punto de partida de la Primera República y de una serie de increíbles desórdenes que estuvieron a punto de destruir la unidad del estado español lograda a sangre y fuego en las terribles guerras de 1700-1714, tras la instauración de la dinastía borbónica, construida sobre los cimientos de la vieja estructura creada por los Reyes Católicos y luego continuada por los Habsburgos. Después de la restauración borbónica de 1874 comienza un periodo democrático en la historia española, inspirado por Antonio Cánovas del Castillo, aunque en él no faltan trucos electorales, caciquismo, clientelismo, y manipulaciones indignas de regímenes verdaderamente respetuosos del Estado de Derecho, mas se logra transmitir la autoridad de conservadores a liberales y viceversa de forma organizada, lo que constituye un indudable éxito de las instituciones. No obstante, esa etapa sólo dura hasta 1923, cuando el general Primo de Rivera instaura su dictadura, episodio que debilita la monarquía y en 1931 le abre la puerta a la Segunda República. Cuatro años más tarde Franco entra en la historia de España a sangre y fuego y en ella se enquista durante casi cuatro décadas.

Lo que quiero decir es que la historia de los cubanos del siglo XIX es un rincón de la historia de España, y ésta apenas contenía elementos que condujeran a la creación de estructuras políticas estables basadas en el respeto a la ley, el andamiaje institucional republicano y la democracia como método pacífico para tomar decisiones colectivas. Nuestra experiencia era otra: el despotismo, la violencia y la imposición arbitraria de normas decididas a espaldas del pueblo. Incluso, el examen de las migraciones españoles hacia Cuba a lo largo de esa centuria, muy bien estudiadas por Manuel Moreno Fraginals, revela un dato significativo: la inmensa mayoría de las personas que arribaron a la Isla eran militares o esclavos. Es decir, dos tipos de personas insertadas en formas de organización basadas en una autoridad dura y vertical que no cultivan ni el consenso ni la tolerancia, pilares espirituales en los que se sustentan las repúblicas democráticas. La Isla estuvo casi todo el tiempo gobernada bajo las leyes que regían en una "plaza militar en tiempos de guerra", mientras en los barracones de esclavos restallaba sin piedad el látigo de los mayorales. Obviamente, ése no era el mejor substrato para constituir una república estable gobernada por la persuasión y las reglas.

Valores, costumbres y creencias
A esta mentalidad social habría que añadir otros elementos propios del tipo de Estado al que los cubanos estábamos acostumbrados. Aunque hubo algunos gobernadores ejemplares a fines del siglo XVIII, y aunque no faltaron funcionarios españoles excelentes, la visión de las colonias que los poderes europeos entonces tenían, se basaba en la creencia de que la tierra conquistada, colonizada y poblada, tenía como objeto servir los intereses de la metrópoli y de los personeros enviados por el poder imperial a administrarla. La colonia era propiedad de la Corona. Podía cederse venderse o cambiarse según conviniera al gobierno central, tal y como ocurriera, por ejemplo, con Louisiana, Florida o la misma Cuba en cierto momento de su historia.

Inevitablemente, este tipo de vínculo entre metrópoli y colonia provocaba varias consecuencias. Los funcionarios veían a las colonias como patrimonio propio —muchos cargos se compraban a la Corona— y rara vez se tomaban en cuenta los méritos profesionales de las personas enviadas a ultramar. La Corona buscaba lealtad, por encima de todo, y sus agentes procuraban toda suerte de privilegios. De manera que el Estado era una fuente constante de sinecuras y enriquecimiento ilícito. Era una especie de agencia de empleos para los favoritos y un dispensador de ventajas para los cortesanos.

Cuba: Un siglo de doloroso aprendizaje

Los cubanos no ignoraban esta situación y la tenían como uno de los mayores agravios, pero cuando sobrevino la República el comportamiento de muchos criollos no fue otra cosa que una extensión del comportamiento colonial. Arruinado casi todo el patriciado cubano durante la guerra, y con las redes comerciales en manos españolas, el Estado parecía ser casi la única fuente de recursos al alcance de la clase política emergente, pero la capacidad de absorción de ese Estado era limitada: entre 1898 y 1902, de los treinta mil mambises que acreditaron su veteranía, apenas diez mil pudieron convertirse en funcionarios o en militares que recibían un salario mensual. Todavía en los años treinta del siglo XX los Matamoros popularizaron una canción muy conocida en la que se describía la aspiración risueña de un cubano humilde de aquella época: trasladarse a La Habana para ser un "policía con chapa y tolete".

Es importante entender que cuando se percibe al Estado como la fuente primordial de enriquecimiento y como un suministrador de puestos de trabajo, y no como un conjunto de instituciones al servicio de la totalidad de la sociedad, no suele esperarse honradez de los funcionarios que lo administran, sino compadrazgo y favoritismo. De ahí que a una buena parte de la población le resultara indiferente si José Miguel Gómez, "Tiburón", fuera o no honesto, o si el "Chino" Zayas o Menocal utilizaran sus cargos para enriquecerse. No había noción del Estado como un espacio común y propio. Lo importante no era que los políticos cumplieran las leyes o las normas de la decencia, sino que "salpicaran", que ayudaran con canonjías a los partidarios que habían conseguido que ellos resultaran elegidos. En esencia, esa era la vara moral con que se medía a los políticos: que fueran leales a los suyos. Enrique José Varona, en enero de 1915, siendo Vicepresidente de la República, ingresa en la Academia Nacional de Artes y Letras con un discurso triste y memorable en el que asegura:

Un siglo de doloroso aprendizaje

"El monstruo que pensamos haber domeñado resucita (...) Cuba republicana parece hermana gemela de Cuba colonial (...) han vuelto al asalto de la administración pública la incompetencia, el favor, el nepotismo y la corrupción. Hay quienes resisten, pero hay quienes flaquean y hay quienes se rinden (...) se proclama la intangibilidad de lo mal adquirido (...) en los lugares más pintorescos de los alrededores o en el corazón mismo de la ciudad bulliciosa se levantan los palacios de aquellos a quienes la suerte pródiga ha mirado con ojos risueños y ha descubierto el secreto de la fortuna improvisada (...) sólo hemos progresado en que no son parásitos forasteros, son parásitos indígenas los que amamantamos al seno ubérrimo del tesoro nacional y estos parásitos se llaman legión."

Pero cuanto sucedía en Cuba no resultaba excepcional ni demostraba una diferencia sustancial entre los habitantes de la Isla y los de otras latitudes de similar cultura. En cierta forma se trataba de rasgos típicos de sociedades de estirpe latina. Los índices de corrupción que de unos años a esta parte publica *Transparency International*, señalan una clara diferencia entre los países, digamos, anglosajones protestantes y los que proceden de la matriz latino-católica. Como regla general, los escandinavos y los europeos del norte —alemanes, holandeses, británicos— tienen estados mucho menos corruptos que los griegos, italianos, franceses, españoles y portugueses. América Latina pertenece al segundo grupo, aunque hay grandes variantes entre los diversos países. La corrupción argentina es mucho mayor que la uruguaya; la boliviana y la paraguaya son tremendas; entre los países andinos Ecuador, Colombia y Venezuela padecen Estados terriblemente corrompidos. Algo parecido a lo que ocurre en toda Centroamérica. Sin embargo, en Chile y Costa Rica el sector público no presenta niveles de corrupción mucho más elevados que Estados Unidos o Canadá. La propia España de nuestros días exhibe unos niveles de orden y decencia administrativos seguramente semejantes si no mejores que los de Alemania, cambio que demuestra que no hay destinos inmutables. Esto es importante señalarlo, porque es verdad que en Cuba hubo altos niveles de corrupción en la esfera pública, pero esa lamentable conducta, corregible en el futuro y observable en numerosos países de nuestra estirpe, no alcanza para explicar la historia posterior del país, aunque no hay duda de que alguna importancia ha debido tener en el desencanto general de la sociedad con las estructuras democráticas.

La violencia, partera del desastre

Menos mencionada que la corrupción, pero acaso más grave para la convivencia democrática de los cubanos, ha sido el culto por la violencia exhibido a lo largo de toda la existencia republicana. Tampoco era un comportamiento único de los cubanos. Estados Unidos había visto en pocos años una guerra civil y los asesinatos de los presidentes Lincoln, Garfield y McKinley. Los españoles el de Cánovas del Castillo, inspirado por los conspiradores cubanos, por cierto, pero pronto verían los de José Canalejas y Eduardo Dato, ambos también Jefes de Gobierno. En Cuba, no obstante, los alzamientos, las insubordinaciones militares y la violencia política selectiva se practicó sin intermitencia, a una escala realmente estremecedora y con el entusiasmo de buena parte de la población, aunque los insurgentes nunca se cobraran la vida de ningún cabeza de Estado.

Probablemente este fenómeno se incubó a lo largo de las guerras contra España y en la veneración por los hechos heroicos de los mambises. Pero, además, algo había de "matonismo", de insolencia retadora en la tradición social de los cubanos que no es fácil atribuirlo solamente al enfrentamiento con Madrid. Carlos Robreño, en una novela de principios del siglo XX titulada *"La acera del Louvre"*, da cuenta de aquellos "tacos" criollos que disfrutaban retando a los paseantes que se les ponían en el camino. Cuando se inauguró la República, por supuesto, los ánimos no se calmaron. Entre 1902 y 1958 no hubo un año sin conspiraciones, levantamientos o asesinatos políticos. Generalmente, se recurría a la lucha armada invocando una violación de las reglas por parte del

Un siglo de doloroso aprendizaje

gobierno que debía hacerlas cumplir. Y de la misma manera que la sociedad condonaba la corrupción, estos hechos de sangre casi nunca resultaban severamente castigados y ni siquiera recibían la censura popular. La rebelión armada tenía algo de admirado gesto gallardo. Era una expresión de la cultura revolucionaria. Unos y otros citaban la frase de Maceo: "los derechos no se mendigan; se conquistan con el filo del machete". No había mucho espacio para el pacto y la búsqueda del consenso. La negociación serena y la voluntad de ceder posiciones a cambio de buscar soluciones pacíficas contrariaban la naturaleza sicológica de muchos líderes políticos. Era una actitud que lindaba con la traición a los principios. Los políticos siempre tenían que estar dispuestos a batirse a duelo o a enfrentarse a tiros con sus adversarios. A veces lo hacían. Ninguno con fama de "cobarde" podía triunfar en la vida pública, y la valentía a que se referían los cubanos era casi siempre un enfrentamiento primario, no exento de cierta bravuconería tabernaria. Los agravios no se ventilaban ante los jueces, sino "de-hombre-a-hombre". Es impresionante la lista de dirigentes políticos víctimas de agresiones y atentados así como sus lamentables consecuencias: a Estrada Palma planearon secuestrarlo en 1903, pocos meses después de inaugurada la República, lo que debilitó su ya reducida fe en la capacidad de los cubanos para sostener pacíficamente el delicado andamiaje de una República. A partir de ese acto, afortunadamente frustrado, no hubo un solo gobierno que no tuviera que afrontar riesgos parecidos o que, a su vez, no recurriera a medidas ilegales de violencia estatal. A mediados de siglo, el asesinato de congresista Alejo Cossío del Pino le sirvió de pretexto a Batista para su golpe militar de 1952. El de Pelayo Cuervo en 1957, a manos de la policía de Batista, desacreditó totalmente las fórmulas pacíficas para poner fin a la dictadura, volcando el peso de la opinión pública a favor de las tesis insurreccionalistas.

En 1933, cayó el dictador Machado por obra y gracia de una combinación entre el descrédito del régimen por su inherente ilegitimidad, los actos terroristas de la oposición, la conspiración de los militares, la crisis económica y las presiones norteamericanas. Pero este clima de violencia y estos valores primitivos reñidos con la esencia de las instituciones de Derecho, tan pronto fue derrotada la dictadura, encarnaron en el gangsterismo político de las distintas facciones revolucionarias. Una generación más tarde esto explica, como veremos luego, que la violenta biografía juvenil de Fidel Castro, con su participación en pandillas gangsteriles, sus conocidos hechos de sangre —intentos de asesinato a otros estudiantes—, no lo deslegitimara para aspirar a dirigir la vida pública nacional. Por el contrario: estos hechos ilegales de una oscura manera contribuyeron a fomentar su leyenda personal. Los revolucionarios eran así: violentos, decididos, audaces. Sin una pistola al cinto no resultaba fácil abrirse paso en la selva política cubana. Esto no quiere decir que los niveles de violencia generaran miles o siquiera cientos de muertos, porque sólo fueron unas cuantas docenas, sino que los crímenes originados en las pasiones políticas resultaban perfecta y constantemente tolerados. El respeto a la ley, francamente, pesaba mucho menos que la admiración por lo que entonces se llamaba "un hombre de acción". ¿En qué consistía ese personaje? Era alguien con una pistola al cinto, dispuesto a usarla, en lugar de acudir a los tribunales para defender sus derechos.

Cuba y Estados Unidos
¿Qué peso tienen las conflictivas relaciones de Estados Unidos y Cuba para tratar de explicar nuestro, como he señalado, "relativo" fracaso? La visión simplista de la historia que el castrismo propone habla de una pequeña y heroica nación permanentemente asediada por la vocación imperial de un vecino poderoso empeñado en imponerle sus designios. Y a partir de ahí citan algunas frases de Jefferson, de Madison o de Monroe en apoyo de esa voluntad de absorción que no cesa ni se mitiga.

En realidad eso no tiene ningún sentido. A principios del siglo XIX nadie se escandalizaba porque la Louisiana

—entonces una quinta parte de lo que hoy es Estados Unidos— pasara de manos españolas a manos francesas, o que luego Napoleón cediera ese territorio al gobierno de Jefferson por un puñado insignificante de dólares. Incluso, sesenta años más tarde, cuando los rusos venden Alaska a los norteamericanos, ese cambio de soberanía tampoco parece inquietar moralmente a ningún país.

El siglo XIX, el del establecimiento de las repúblicas en el Nuevo Mundo, las fronteras de los Estados eran flexibles. México "perdió" toda Centroamérica, de Guatemala hasta Costa Rica, por decisión de sus habitantes. Y luego perdió la mitad norte del país por una combinación entre el apetito imperial de Estados Unidos, el peso de las emigraciones europeas que se habían asentado en esos territorios casi desiertos, y, sobre todo, las riñas intestinas entre bandos mexicanos adversarios. Fuera de México la mayor parte de las voces que se escucharon ante estos hechos fueron de agrado, y la más entusiasta, por cierto, fue la de Karl Marx, convencido, como estaba, de las ventajas que tendría para los trabajadores de esa zona la llegada de una nación impetuosamente progresista como Estados Unidos.

Ninguna de las actuales repúblicas latinoamericanas tiene hoy un contorno parecido al que tenían cuando se establecieron. Algunas se segregaron de su espacio histórico colonial —Bolivia, Paraguay, Uruguay—, otras se partieron en pedazos: Colombia, Venezuela, Ecuador. Es verdad que Estados Unidos a principios del siglo XIX tenía sus ojos puestos en Cuba, entonces una colonia española, y es natural que así fuese. Ya entonces la Isla comenzaba a ser inmensamente rica para los estándares de la época, y en la segunda mitad de la centuria, gracias al azúcar y a la actividad comercial, se convertiría —Hugh Thomas afirma— en la colonia más rica del mundo. Riqueza que no sólo explica que los Estados Unidos ambicionara poseerla, sino que España se negara a abandonarla contra viento y marea, mientras otros "hermanos" latinoamericanos —México y Colombia— también acariciaban propósitos anexionistas.

Cuba: Un siglo de doloroso aprendizaje

Sin embargo, esos proyectos extranjeros para absorber a Cuba dentro de sus fronteras no parecen haberles quitado el sueño a nuestros antepasados. La elite criolla era separatista con relación a España, pero no necesariamente con respecto a otras entidades. Se sentía parte de una nación distinta a la española, pero en el siglo XIX eso no sólo conducía a la formación de un Estado independiente. Hubo criollos que pensaron en vincular la Isla a Colombia y a México, y los hubo, en mucha mayor cantidad, fascinados con la idea de integrarse a Estados Unidos, país que entonces simbolizaba la modernidad, la justicia el progreso y el predominio del gobierno local sobre la tendencia centralizadora tan odiada por los criollos cubanos. Para ellos no era lo mismo un imperio como el español, basado en la supremacía de la metrópoli, que la federación estadounidense, fundada en el constitucionalismo y el respeto a las decisiones de los pueblos que se unían bajo una misma bandera y en torno a leyes y principios.

No había, pues, antiamericanismo, sino todo lo contrario, en aquellos patriotas como Narciso López, Domingo Goicuría y el resto de los anexionistas que dieron los primeros impulsos a la independencia de España. No lo había en Céspedes ni en ninguno de los primeros jefes de los alzamientos del 68. Nadie mínimamente informado ignora que Ignacio Agramonte se hizo coser en el hombro de su chamarreta la bandera norteamericana. Algo perfectamente razonable en una persona, como era su caso, que colocaba los derechos del individuo por encima de cualquier otra consideración, dato que revela su tesis de grado cuando accedió al título de abogado.

Por extraño que a principios del siglo XXI nos parezca, tras tanto tiempo de distorsiones y lecturas sesgadas de la historia, en aquellos años el patriotismo y la cubanía se expresaban en la admiración por Estados Unidos y en el deseo de integrarse plenamente en esa federación. Y no estábamos solos los cubanos en ese deseo. Había anexionistas pronorteamericanos en Canadá, en México, especialmente en Yucatán, en Nicaragua y en Santo Domingo. Incluso en España, cuando se declara la Primera República, en medio de los desórdenes que casi inmediatamente sobrevinieron, los sublevados del Cantón de Cartagena, Murcia, en 1874 solicitarían sin siquiera obtener respuesta su anexión a la Unión Americana. Fue por aquellas fechas que Cánovas del Castillo, desesperado por las fuerzas centrífugas que desgarraban a España, cuando le pidieron que definiera a sus compatriotas pronunció su frase más melancólica: "español —dijo— es aquel que no puede ser otra cosa".

Los cubanos querían ser otra cosa. Los anexionistas querían vincularse a Estados Unidos. Los autonomistas, que vinieron luego, muchos de ellos procedentes del anexionismo y del independentismo, querían seguir formando parte del estado español, pero con el control administrativo y político situado en la Isla. Y más tarde, poco a poco, unos y otros, decepcionados con sus posturas originales, o convencidos de que había pasado el tiempo adecuado para estas opciones, fueron engrosando la propuesta independentista, especialmente tras la convocatoria a un nuevo esfuerzo bélico como el que Martí casi milagrosamente logró poner en marcha.

Proamericanismo y antiamericanismo
¿Cuánto antiamericanismo había entre los mambises del 95? Probablemente muy poco, y quien mejor lo fundamentaba, José Martí, lo limitó a unas cuantas frases incluidas en cartas personales que apenas pesan frente al grueso de su enorme obra periodística, donde generalmente se expresa una gran admiración por los aspectos positivos que contempla en Estados Unidos. A lo que habría que añadir que los amigos más cercanos de Martí —Gonzalo de Quesada, Tomás Estrada Palma, Fermín Valdés Domínguez— luego formaron parte del grupo más próximo a Estados Unidos. Su propio hijo, José Martí Zayas Bazán, fue edecán de Taft durante la segunda intervención. En todo caso, en 1898, cuando se produ-

ce la intervención norteamericana en la guerra, la reacción de los jefes mambises osciló entre el júbilo y la cautela, pero apenas hubo rechazos. La llegada del ejército estadounidense y la rápida derrota de los españoles fueron calificadas como una bendición tras tantos años de lucha y sacrificios.

Lo que ocurrió a partir de ese momento y el 20 de mayo de 1902 tampoco constituyó un trauma incurable para la sociedad cubana. Es frecuente citar los agravios más notables, así que vale pena repetir los principales: la afrenta a las tropas de Calixto García, a las que se les impide entrar en Santiago de Cuba tras la victoria; la marginación de los cubanos del Tratado de París que estipula las condiciones por las que España renuncia a la soberanía sobre Cuba, y entre esas condiciones, la legitimación de los actos jurídicos de España durante la guerra —lo que incluye la confiscación de las propiedades de muchos independentistas, y luego la adjudicación de esos bienes en subastas tramposas a partidarios de España—; la torpe exclusión de los jefes mambises al frente del sepelio de García, y, por supuesto, la obligación que tuvieron los cubanos de incluir la Enmienda Platt en la Constitución de 1901. También, naturalmente, la segregación provisional de Isla de Pinos del territorio bajo soberanía cubana —tema que se determinaría en el futuro—, lo que evidenciaba una clara intención anexionista de esa isla, entonces muy poco habitado, por parte de Estados Unidos.

Cuando se analiza estos hechos, la primera observación que se yergue ante nosotros tiene que ver con el número de los pobladores de la Isla directa y acaso negativamente afectados por la intervención norteamericana. Entonces la población cubana era, *grosso modo*, de millón y medio de habitantes. Una parte sustancial, sobre todo en el occidente del país, especialmente en La Habana, eran españoles y sus descendientes. Estos, paradójicamente, se sintieron aliviados con haber sido derrotados por Estados Unidos y no por los criollos cubanos. Al extremo de que en las deliberaciones de París, cuando se discuten las condiciones del traspaso de soberanía, los españoles ruegan vehementemente que Cuba sea anexionada por los estadounidenses. ¿Por qué ese cambio de posición? Muy sencillo: era la forma más clara de proteger los intereses de los españoles radicados en la Isla.

Entre los criollos cubanos, seguramente por las terribles consecuencias de la guerra, sin que ello constituyera una paradoja, al mismo tiempo se había incrementado la simpatía por la independencia y por la presencia norteamericana. El hambre, la "Reconcentración" ordenada por Weyler y los abusos de los militares españoles parece que multiplicaron exponencialmente el rechazo a España. Así que la inmensa mayoría de la población recibió con agrado la llegada de un ejército de ocupación que imponía el orden, repartía raciones de comida, y en cuatro escasos años le daba un vuelco extraordinario a la salud pública y a la educación nacionales. ¿Cómo no agradecerles a los norteamericanos que, guiados por las investigaciones de Carlos J. Finlay —al que, sin embargo, no le dieron todo el crédito que merecía—, liquidaran la fiebre amarilla, el más terrible flagelo que había padecido la sociedad cubana a lo largo de su historia? ¿Cómo no sentir gratitud por una fuerza de ocupación que duplica las aulas escolares y triplica a los maestros, que envía a un millar de educadores a Harvard a tomar un cursillo pedagógico, que rehace acueductos y alcantarillados, extiende el ferrocarril desde Santa Clara a Santiago de Cuba, amplía las líneas de telegrafía, electrifica los tranvías de La Habana, organiza el correo y los tribunales de justicia, persigue a los bandoleros rurales, y limpia y fumiga unos centros urbanos podridos de infecciones y parásitos? No hay duda: la Cuba que los norteamericanos dejan en 1902 es infinitamente mejor que la que encuentran en 1898, y ese juicio es ampliamente compartido por la población.

Es verdad que los mambises se hallaban en la incómoda situación de que otros habían ganado la guerra que tantos sacrificios les había costado a ellos, y que no podían ordenar y mandar sobre el territorio cubano, pero los mambises, estirando el número generosamente, apenas eran treinta mil veteranos, es decir, el dos por ciento de la población, aunque

Cuba: Un siglo de doloroso aprendizaje

tuvieran las simpatías de muchos compatriotas. Para esos treinta mil mambises, algunos de cuyos máximos jefes sentían la legítima urgencia de ocupar el gobierno, la Enmienda Platt podía percibirse como una humillante limitación a los poderes soberanos que deseaban administrar, pero lo razonable es pensar que para la inmensa mayoría de los hombres y mujeres de la Isla, ese millón largo que había padecido los rigores de la guerra, pero sin participar directamente en ella, las prioridades de carne y hueso eran las que atendían los norteamericanos y no las abstracciones que desvelaban a los patriotas salidos de la manigua y convertidos en políticos que competían por ocupar el poder.

Por otra parte, el conjunto de la sociedad cubana podía comprobar que el ejército de ocupación estadounidense, lejos de cerrarles las puertas de la administración a los mambises salidos de las filas insurrectas, los incorporaba al gobierno y a la burocracia en puestos tan importantes como las gobernaciones de las provincias, el gabinete ejecutivo y la jefatura y la tropa de los cuerpos de policía. No era incierto que la Enmienda Platt limitaba los actos soberanos del futuro gobierno, pero cualquier cubano capaz de juzgar ecuánimemente podía darse cuenta de que las fuerzas norteamericanas estaban realizando una labor básica para el buen funcionamiento posterior de un Estado independiente cubano: creaban instituciones y procedimientos sin los cuales era imposible el gobierno republicano.

En efecto, y como se señaló en el capítulo anterior, una orden militar convocó a elecciones municipales en el verano de 1901. Otra, obligó a los cubanos a darse una Constitución, a la que forzosamente tuvieron que agregarle la Enmienda Platt. Una tercera le dio paso a los comicios nacionales de diciembre 31 de 1901, en los que salió electo D. Tomás Estrada Palma ante la abstención de Bartolomé Masó, el otro candidato. En el curso de esos tres eventos, y como consecuencia de ellos, tuvieron que organizarse los primeros partidos políticos. ¿Que hubiera sido preferible que todas esas decisiones las hubieran tomado libremente los cubanos en lugar de responder a tajantes e inapelables órdenes norteamericanas transmitidas en el seco lenguaje de los militares? Seguramente, pero el desenvolvimiento posterior de la república indica que las desavenencias dentro de las filas del Ejército Libertador, los personalismos y las naturales ambiciones de las jefes con vocación de poder, probablemente hubieran hecho mucho más difícil la creación pacífica de un gobierno cubano. Al fin y al cabo, las únicas elecciones totalmente diáfanas y sin manipulaciones de las urnas que vivió Cuba, fueron las organizadas por el ejército norteamericano en ese año vertiginoso de 1901.

La permanente frustración norteamericana
¿Por qué los norteamericanos propiciaban el autogobierno de los cubanos y simultáneamente le ponían límites como los que marcaba la Enmienda Platt? Había tres razones básicas. Comencemos por la primera: mediante el Tratado de París, ante los ojos del mundo entero, y especialmente de una Europa que contemplaba inquieta el surgimiento de una nueva potencia planetaria, Estados Unidos había contraído unas graves responsabilidades con España. Washington había asumido la soberanía de la Isla y con ella la tutela de los intereses y propiedades de todos los habitantes de Cuba y de las otras siete mil islas que pasaron a cobijarse tras la bandera norteamericana, casi todas ellas, naturalmente, en el Pacífico. Estados Unidos no podía librarse de esos compromisos por el solo hecho de retirarse de Cuba. Si la república cubana derivaba hacia una guerra civil —cosa que comenzó a suceder casi de inmediato— para Washington era necesario contar previamente con la legitimidad necesaria que le autorizara a intervenir rápidamente en el conflicto. Estados Unidos, pues, asumía el papel de tutor de los cubanos en la compleja andadura de los primeros años, para adiestrarlos en el difícil arte del autogobierno, la disciplina y el respeto a los compromisos adquiridos.

La segunda razón tiene que ver con la diplomacia de las cañoneras, entonces vigente en el mundo. Por aquellos años, dos veces estuvo Estados Unidos a punto de ir a la guerra contra Inglaterra y la belicosa Alemania del Káiser Guillermo II por la política europea de enviar sus barcos de guerra al Caribe con el objeto de cobrar cuentas pendientes. El bombardeo de La Guaira en Caracas, y el asedio a los gobiernos de Haití y República Dominicana le indicaban a Washington que la mejor manera de mantener a raya a los poderes imperiales europeos era impidiendo que el nuevo estado cubano se endeudara irresponsablemente. Ese objetivo —mantener las armas europeas lejos de las costas europeas— también formaba parte de la "Doctrina Monroe", formulada en 1823 para tratar de impedir, precisamente, que las monarquías europeas retomaran el control de las entonces recién emancipadas colonias sudamericanas. Washington no podía olvidar que en fecha tan reciente como la década de los sesenta del siglo XIX, aprovechando la coyuntura de la guerra civil norteamericana, los ejércitos de Francia y España habían colocado en México a un rey títere, Maximiliano de Austria, en lo que parecía ser la revitalización del apetito imperial europeo sobre América Latina.

La tercera razón era la menos obvia, y hay que deducirla de la correspondencia privada de algunas figuras clave de la ocupación norteamericana, como es el caso del general Leonardo Wood: ciertos políticos de Washington ambicionaban secretamente la anexión de Cuba a Estados Unidos y querían crear las condiciones para ello. No podían actuar a las claras porque la clase política norteamericana estaba dividida entre "jingoístas" y quienes temían las consecuencias de la política imperialista. Los imperialistas o "jingoístas" sabían que la Enmienda Teller promulgada en 1898 garantizaba la independencia de la Isla, pero pensaban que el ambiente favorable hacia Estados Unidos de los cubanos y de los españoles que quedaron en la Isla, agradecidos por la indudablemente buena gestión del gobierno norteamericano de ocupación, indicaba que en algún momento cercano resurgiría imparable el sentimiento anexionista, y voluntariamente los cubanos pedirían su incorporación a la Unión, más o menos como a mediados del siglo XIX había ocurrido con la efímera República de Texas. Para esos fines, era muy importante que el nuevo Estado cubano no contrajera obligaciones ni firmara acuerdos con otras naciones que luego pudieran entorpecer la absorción de la Isla dentro de la gran patria federal estadounidense.

Pero nada ocurrió como habían previsto los norteamericanos. Por el contrario, al impulsar el establecimiento de un gobierno dirigido por los cubanos, instantáneamente se fortaleció el sentimiento nacionalista en la Isla, y la idea de la anexión a Estados Unidos se debilitó rápidamente hasta perder toda posibilidad razonable de materialización, afirmación que se comprueba cuando constatamos que ningún partido político de los varios que surgieron al filo del siglo XX propuso semejante fórmula de organización política para la Isla. Simultáneamente, en el otro extremo del mundo, en Filipinas, en medio de una guerra sangrienta e impopular, en la que no faltaron verdaderos genocidios a los que Leonardo Wood estaría supuestamente relacionados, Estados Unidos pagaba con seis mil muertos norteamericanos el costo de no concederle a este pueblo la independencia por la que tanto habían luchado José Rizal y Emilio Aguinaldo. Así que casi de inmediato la idea de la anexión de Cuba, otrora musitada en voz baja en los círculos de poder de Estados Unidos, dejó de ser un objetivo de los políticos norteamericanos más sensatos.

Pero ésa sólo sería la primera frustración de Estados Unidos con relación a Cuba. Luego vendrían otras en cadena. En 1906, tras el claro fraude electoral propiciado un año antes por un Tomás Estrada Palma empeñado en reelegirse, y tras un serio conato de guerra civil motivado por esta vulneración de las reglas, gobierno y oposición pedirían la intervención de Estados Unidos, invocando ambos las previsiones de la Enmienda Platt. ¿Qué había sucedido? Algo que en algún momento entendería muy bien el diplomático norteamericano Sumner Welles y consignaría con cierta ironía en sus memorias: que los cubanos habían aprendido el arte

Cuba: Un siglo de doloroso aprendizaje

de introducir a los norteamericanos en sus querellas internas para volcar en su favor el peso del gigante vecino.

Tras esa segunda intervención —1906-1909—, llevada a cabo por un Teddy Roosevelt molesto e incómodo porque se veía arrastrado a un conflicto en el que hubiera deseado no intervenir, al extremo de llegar a decir en su correspondencia privada que le gustaría que esos pendencieros cubanos fueran borrados de la faz de la tierra, vino el triste episodio de la "Guerrita de los negros", y de nuevo son los estadounidenses los que se ven obligados a poner presión sobre los cubanos, esta vez sobre el gobierno liberal del general José Miguel Gómez, para que se detenga la matanza.

Cinco años más tarde, en 1917, otro fraude electoral, ahora cometido por los conservadores de Mario García Menocal, da inicio a otra insurrección y Estados Unidos, de nuevo cortejado por ambos bandos, debe desembarcar tropas y presionar a los cubanos para evitar una guerra civil generalizada. Menocal conserva el poder hasta 1921, en que lo entrega a Alfredo Zayas tras otras tumultuosas elecciones. Todo esto sucede en medio de constantes denuncias sobre corrupción. El embajador norteamericano trata de actuar como un procónsul. Da órdenes e intenta imponer el buen gobierno por medio de toda clase de humillantes presiones. Incluso, participa en la elección de los ministros del gabinete y se sienta él mismo en las reuniones del Ejecutivo. Pero no tiene demasiado éxito. Los políticos cubanos se sienten muy molestos con estas constantes injerencias. Los liberales, muy orgullosamente, se proclaman *antiplatisttas*. Pero no es tan obvio que esa postura se transformara en un sentimiento popular antinorteamericano. Al fin y al cabo, lo que Estados Unidos intentaba introducir en la vida pública cubana era lo que supuestamente ansiaba el pueblo: buen gobierno, honradez en la administración de los fondos, respeto a las leyes, orden y sosiego.

En 1925, Estados Unidos, finalmente, admite la soberanía de Cuba sobre Isla de Pinos aunque asocia ese hecho a la concesión de las bases carboneras, pese al número abultado

Un siglo de doloroso aprendizaje

de norteamericanos que viven en ese territorio y que se oponen a ello. En 1928, Washington, discretamente, rechazará sin éxito la "prórroga de poderes" que prolonga ilegítimamente el mandato de Gerardo Machado, y en 1933 intentará inútilmente evitar el desplome de las instituciones tras la renuncia y fuga de Machado. En 1934 Franklin Delano Roosevelt, ya promulgada su política de "Buenos vecinos", renunciará a la Enmienda Platt. En 1952 la Casa Blanca se sorprende negativamente con el nuevo golpe de Batista. Días antes se ha firmado un importante tratado de colaboración con el gobierno legítimo de Carlos Prío Socarrás. A fines de 1958 el Departamento de Estado y la CIA harán numerosas gestiones para salir de Batista ordenadamente, pero cerrándole a Fidel Castro las puertas del poder. A partir de 1960, y hasta nuestros días, se instalará en Cuba un gobierno militantemente hostil a Estados Unidos sin que ningún esfuerzo por derrocarlo haya tenido éxito.

A donde quiero llegar es a este lacónico resumen: la aseveración de que Estados Unidos ha impuesto su voluntad a los cubanos es totalmente falsa. Ninguno de los objetivos diplomáticos y políticos básicos trazados por ese país para Cuba han sido cumplido. Los cubanos no pidieron la anexión a principios del siglo XX. No fue posible inducir el buen gobierno y la estabilidad en la esfera pública. Isla de Pinos quedó dentro del perímetro soberano de Cuba. En 1933, durante el episodio final del machadato, cuando Washington renunció al uso de la fuerza, el curso de los acontecimientos fue totalmente distinto al deseado por la Casa Blanca. En la década de los cincuenta, tanto Batista como Castro fueron dos realidades no deseadas que acabaron imponiéndose. Síntesis última: los dos millones de cubanoamericanos radicados en Estados Unidos son buena muestra de la frustración y la impotencia de Washington para moldear los asuntos cubanos.

En todo caso, no parece justo o razonable suponer que si Estados Unidos se hubiera inhibido de intervenir en los asuntos cubanos, como a veces se ha dicho, la clase política hubiera tenido otro comportamiento y el destino de la Isla hubiera resultado mejor que el que ha sido. La corrupción, la dictadura, la falta de acatamiento a las normas democráticas y la burla a las reglas electorales, han sido casi la regla en América Latina, independientemente de la influencia ejercida por Washington. En el terreno político, los cubanos, sencillamente, hicieron barbaridades parecidas a las que se vieron en la Venezuela de Juan Vicente Gómez y Pérez Jiménez, en el Perú de Leguía y Odría, la Argentina de Perón, y no digamos el Paraguay de Stroessner o la República Dominicana de Trujillo. Más aún: si alguna lección clara se desprende de las relaciones entre Estados Unidos y Cuba, es que resulta prácticamente imposible inducir en otra nación los principios, valores y normas de conducta que rigen en el país dominante. Incluso, es posible llegar a la triste conclusión de que la supresión de la tutela norteamericana a partir del gobierno de F.D. Roosevelt, lejos de acelerar la madurez de la clase política cubana, potenció su creciente degradación.

Dados estos antecedentes, ¿tiene algún sentido presumir, como es frecuente, que los cubanos, o la gran mayoría de ellos, albergan hoy o albergaron a lo largo del siglo pasado un fuerte sentimiento antinorteamericano? Mi impresión es que eso nunca ha sido verdad como un sentimiento mayoritario de la población, aunque tal vez lo haya sido dentro de cierto sector de la clase política dirigente, donde pudiera haberse incubado algún resentimiento luego explotado por los comunistas. La masa, sin embargo, a juzgar por las pasiones deportivas y cinematográficas, por la imitación de los usos y costumbres norteamericanos, por el curso de las migraciones, o por las ambiciones laborales —¿qué destino más ansiado hasta 1959 para el cubano medio que trabajar en una empresa norteamericana?— daba la impresión de admirar profundamente a los poderosos vecinos, y allá iban los cubanos, cuando podían, a estudiar, a curarse las enfermedades más graves, o, simplemente, a pasear. Incluso hoy, tras cuarenta y tres años de incesante prédica antinorteamerica-

Un siglo de doloroso aprendizaje

na, la obsesión de los cubanos por marcharse a Estados Unidos antes que a ningún otro país, parece subrayar, aunque incrementada, la fascinación de los cubanos por la gran potencia americana. Es curioso recordar que ya a fines del siglo XVIII el rey Carlos IV emitió un decreto prohibiendo que los cubanos marcharan a estudiar a Estados Unidos. Pareciera que esa atracción es de muy vieja data.

¿Cómo y por qué la historia de Cuba desembocó en Fidel Castro?

En todo caso, si la historia de Cuba y la textura moral de los cubanos no difieren sustancialmente de las de otros pueblos del mismo origen, ¿por qué nuestro país es el único en el que se ha enseñoreado el comunismo? Intentemos aproximarnos a esa excepcionalidad lamentable.

La frase es muy conocida: «la historia es algo que no ocurrió contado por alguien que no estaba allí». Es muy difícil explicar por qué las sociedades se mueven en una u otra dirección. La historia de Cuba es un buen ejemplo de esa afirmación. Poco antes de la revolución de 1895, cualquiera podía pensar que tras las últimas dos décadas del siglo XIX, con el brillante desarrollo alcanzado por Cuba, y dado que en España funcionaba una democracia liberal razonablemente estable, los conflictos entre la metrópoli y la colonia —como proponían Maura en Madrid y los autonomistas en La Habana— podían solucionarse pacíficamente, y la Isla, como sucediera con Canadá, podría encontrar una manera aceptable de ejercer la soberanía popular. No fue así: sobrevino, en cambio, una guerra terrible que culminó con la intervención de Estados Unidos.

Varias décadas más tarde volvió a suceder algo parecido: tras la huida de Batista, derrotado por un pueblo que decía anhelar la restauración de las libertades, una de las naciones más prósperas de América Latina, en la que los marxistas apenas alcanzaban el 3% de los sufragios, se convirtió en el primero y único país comunista del hemisferio occidental, gobernado por los más drásticos métodos estalinistas. Y ni siquiera es éste el único giro imprevisto dado por la historia cubana: treinta años después de establecido en Cuba el régimen de Castro, cuando colapsó la Europa comunista, Cuba era el más débil y subsidiado de los satélites de la URSS, lo que auguraba el rápido desplome de la dictadura. Pero no acaeció lo que parecía inevitable: el régimen, pese a que la sociedad —ya entonces muy pobre— perdió un cincuenta por ciento de su menguada capacidad de consumo, consiguió sostenerse y estabilizarse sin siquiera hacer cambios significativos en su estructura interna y en el modelo colectivista.

¿Por qué en Cuba?
¿Qué determinan el signo y la intensidad de los cambios en las sociedades? Probablemente una combinación entre las creencias, los valores y las actitudes de una masa crítica de ciudadanos, a lo que se suman las instituciones disponibles. Provistos de esta hipótesis acerquémonos ahora a la historia de Cuba. ¿Por qué Cuba es la única nación comunista de América Latina? ¿A qué se debe esa casi pasmosa excentricidad? Una respuesta sencilla, con algún elemento de verdad, apuntaría a Fidel Castro: el país devino en una dictadura comunista porque en medio de una circunstancia histórica favorable —la Guerra Fría—, un caudillo todopoderoso así lo dispuso y nadie tuvo fuerzas para evitarlo. Pero esa respuesta reitera el dilema del huevo y la gallina, y no alcanza para explicar una realidad bastante más compleja: cómo fue posible que un personaje tan estrafalario como Fidel Castro, tan evidentemente perturbado, tan inexperto, sin una semana de experiencia laboral comprobada, sin siquiera un expediente universitario memorable, tan ignorante sobre todo lo relacionado al buen gobierno, tan comprobadamente peligroso por su violento pasado vinculado a hechos de sangre que deberían asustar a cualquier ciudadano amante de la ley, se apodera de una sociedad con el aplauso —al menos al principio— de la inmensa mayoría de unos cubanos que no ignoraban esta información pues era de público dominio.

Cuba: Un siglo de doloroso aprendizaje

¿Cómo, cuando este caballero empezó a dar gritos en la tribuna, y a decir disparates durante horas y horas, subrayados por una gesticulación histriónica que claramente denunciaban una sicopatía de libro de texto —una personalidad narcisista con rasgos paranoides—, la sociedad cubana, lejos de horrorizarse, se quedó fascinada como el conejo ante una cobra que se mueve rítmicamente en su presencia? En cambio, ¿por qué un tipo como ése, digamos a modo de contraste, no puede abrirse paso en Estocolmo o en Ginebra y si pudo en la Cuba de los años cincuenta y sesenta? Seguramente, porque suecos y suizos, al menos *hoy*, tienen las creencias, los valores, las actitudes y las instituciones que hacen imposible la aparición de uno de estos destructivos caudillos iluminados. Tan pronto uno de ellos comienza a incubarse en el panorama nacional, la cultura cívica —le llamo así a la suma de creencias, valores, actitudes, y a las instituciones en que estos factores se dan cita— reacciona, lo identifica y lo aísla. En casos extremos le coloca una camisa de fuerza y lo retira piadosamente de la circulación. Sencillamente, el sujeto deja de pertenecer al ámbito de la política y lo trasladan al de la farmacología.

Hice esa salvedad temporal —«al menos *hoy*»— al referirme a suecos y suizos, para que nadie piense que los cubanos padecemos alguna suerte de inferioridad intelectual o genética que nos predispone a este tipo de catástrofe. Como se ha señalado antes, los cultos alemanes o italianos, en un periodo reciente de su historia en el que confundieron sus creencias, modificaron sus actitudes y trastocaron sus valores, época nefasta en la que colapsaron las instituciones de Derecho, es decir, cuando se hundió la cultura cívica en que vivían, parieron nada más y nada menos que a Hitler y a Mussolini, dos parientes cercanos del Comandante Castro. Cualquier pueblo, pues, puede caer en parecida desgracia. También —y ésa es la cara noble de la moneda— es posible superar el pasado y encaminarse en la dirección de la estabilidad, la razón, el sentido común y, por supuesto, la libertad.

¿Cómo y por qué la historia de Cuba desembocó en Fidel...?

Creencias, valores y actitudes
En todo caso, ¿cuáles eran esos perniciosos valores, creencias y actitudes que predispusieron a la sociedad cubana a caer en las manos de un personaje como Castro? ¿Cuáles eran los males que corroían nuestra cultura cívica? En primer lugar, el mesianismo. La idea —brillantemente explorada por Miguel Sales en su libro *Nacionalismo y revolución en Cuba*, publicado bajo el seudónimo de Julián B. Sorel— de que alguien excepcional vendría a salvarnos. Cuba ensayó con diferentes caudillos a lo largo de la convulsa república: José Miguel Gómez fue un caudillo; Mario García Menocal también. Los partidos políticos que entonces se crearon —liberales y conservadores—, en realidad eran *miguelistas* o *menocalistas*. Machado llegó al poder con un electorado convencido de que aquel general de mano dura iba a poner orden en el país. Grau y Chibás algo también tuvieron de adorados caudillos. No se les seguía por sus idearios sino por ellos mismos. Se confiaba en ciertas personas excepcionales y en ellas se depositaba la facultad de pensar y decidir por el resto. El primero de enero de 1959 Cuba cayó rendida ante otro caudillo. ¿Que era un tipo extraño y medio alocado? No importa: los mesías son distintos a los demás mortales. Tampoco era muy estricto el país en materia de selección de líderes. Se les exigían pocas cosas, y casi ninguna relacionada con el buen gobierno. En general, bastaba con que tuvieran fama de valientes y que contaran con un buen expediente conquistado durante algún conflicto violento.

El mesianismo, además, está íntimamente ligado con la debilidad institucional: donde lo que importan son los hombres y no las reglas, la legalidad carece de valor. Así era en Cuba. Así son muchos pueblos de nuestro ámbito cultural. La sociedad cubana, desde el comienzo mismo de la república, dio muestras de un olímpico desprecio por las instituciones. Un hombre honrado como Tomás Estrada Palma, nuestro primer presidente, no tuvo inconveniente en amañar las elecciones de 1905 para evitar que el general José Miguel Gómez, su adversario, alcanzara la presidencia. Don Tomás no parecía darse cuenta del inmenso daño que se le hace a una sociedad cuando se prostituyen los mecanismos de toma de decisión colectiva. Si el simple acto de votar —casi la única voz real que tiene el ciudadano en los asuntos públicos— no sirva para nada porque los resultados se adulteran, ¿para qué preservar el método democrático? En ese mismo punto, podrido por la ilegitimidad original, comienza a resquebrajarse el Estado.

¿Qué llevó al bueno de Estrada Palma a hacer algo tan censurable como un *pucherazo*? Curiosa y paradójicamente, su celo de buen administrador. Contra viento y marea, cuidando el gasto público celosamente, había conseguido acumular el entonces impresionante superávit de veinticinco millones de dólares, y temía que Gómez y sus ávidos partidarios, pobres desde la cuna o empobrecidos por la guerra, se apoderaran de aquellos fondos. Fue un fraude electoral cometido en nombre de la honradez administrativa. Estrada Palma presentía —y luego la historia le dio la razón— que con Gómez se entronizaría la deshonestidad en la vida pública. ¿Cómo podía saberlo? Porque desde el fin de la guerra se hizo evidente que para un buen sector de los mambises, muchos sin oficio ni beneficio, el Estado iba a ser la única fuente posible de sustentación y enriquecimiento, fenómeno que persistió a lo largo de los 56 años que duró nuestra primera república.

¿Y qué hace esa oposición burlada ante las manipulaciones electorales de Estrada Palma? Opta por la insurrección y desata la guerra civil de 1906. No es de buen gusto discutir el derecho de los pueblos a recurrir a la violencia cuando se rompen las reglas de la democracia —todos hemos leído a Santo Tomás de Aquino y al jesuita Mariana—, pero ¿no había otra salida que lanzar de nuevo a unos cubanos contra otros? Aquellos oficiales mambises, que llevaron décadas peleando codo con codo frente a los españoles, ¿no tenían otra forma de resolver sus diferencias que a cañonazos o con el filo del machete? Es casi inútil tratar de reconstruir la historia, pero mi impresión personal es que, al margen de las

¿Cómo y por qué la historia de Cuba desembocó en Fidel...?

trampas de Estrada Palma y sus *moderados*, la razón por la que de nuevo en 1906 miles de cubanos empuñan las armas en la llamada *Revolución de agosto* es porque en el seno de nuestra sociedad prevalecían los valores de una cultura revolucionaria, es decir, violenta y guerrera, admiradora de las hazañas militares, y en la que la transacción, el pacto, la negociación serena en busca de acuerdos en el que todos los implicados ceden una porción de sus posiciones, eran vistos como una suerte de cobardía. Es decir, la esencia del talante democrático —esa voluntad de encontrarse en un punto medio del conflicto— no existía. Sólo así se explica que un general honorable como Lacret Morlot, en un gesto que tendría más de ironía que de cólera, se haya ofrecido nada menos que para fusilar a Máximo Gómez como consecuencia de sus discrepancias políticas: la república se inauguró con una mentalidad cuartelera y violenta que no dejaba mucho espacio al disentimiento respetuoso.

En 1912 —ya presidente Gómez, conducido previamente al poder en unas elecciones tuteladas por la segunda intervención norteamericana— hay otro encontronazo armado, esta vez de carácter racial: la llamada *Guerrita de los negros*, a la que ya hemos aludido, estupendamente explicada por Rafael Fermoselle en *Política y color en Cuba*. Una carnicería que dejó tres mil cadáveres en los campos pese a que los alzados nunca llegaron al millar. Dos mambises negros, Evaristo Estenoz y Pedro Ivonnet habían tratado de crear un partido político que tenía un componente racial y algunos comenzaron a hablar de convertir la provincia de Oriente en un territorio independiente. El parlamento cubano les cerró la vía política: fueron prohibidos los partidos basados en el color de la piel. ¿Fue sabia esa medida? Es dudoso. Existían entidades culturales y recreativas organizadas en torno al color; había escuelas para blancos y para negros; había sindicatos y oficios que excluían a los negros. Pero, sin embargo, no podía haber partidos políticos organizados en torno a esa categoría. En fin: ese fue, en síntesis, el origen del enfrentamiento. De nuevo surge la inevitable pregunta: resulta obvio que la introducción de este elemento racial entre las querellas de la república significaba cierto nivel de riesgo, pero ¿no había otra forma de solucionar el conflicto que esa cruel degollina de prisioneros, de sospechosos y de inocentes, la mayor parte de ellos negros y mulatos veteranos de la lucha por la independencia?

En 1917 se repite el episodio de 1905. El presidente era Menocal y parecía inevitable el triunfo de sus adversarios liberales. El país vive un buen momento económico, pero la corrupción crece tanto como el precio del azúcar. De nuevo el fraude electoral frustra la voluntad popular y de nuevo miles de cubanos se echan al monte. Es la famosa revuelta de La Chambelona. Es obvio que ya puede hablarse de *constantes* en el comportamiento político de los cubanos. La descarada violación de las reglas y la consecuente reacción insurreccional son las dos contumaces caras de la misma moneda. Las formas democráticas valen muy poco. El Estado es un botín del que se sirven numerosos políticos. La idea del funcionario como servidor público no ha cuajado. El que manda exhibe su poder ignorando las leyes. A la sociedad no parece importarle demasiado. La violencia es el método para solucionar los conflictos y para corregir las injusticias. No se pacta, sino se derrota al adversario. Si es posible, se le aplasta. No se trata de fenómenos aislados sino de un problema crónico.

El próximo presidente, Alfredo Zayas —culto, astuto, maniobrero, se le acusa de deshonesto—, también tiene que enfrentarse al reto de los alzamientos. Sale de ese trance mediante el soborno de los enemigos. Repugnante, pero tal vez hay ahí un truculento paso de avance. En todo caso, la ciudadanía no es sólo la víctima de estos manejos de la clase dirigente: también es su cómplice. En realidad, los políticos son un reflejo y una consecuencia de la sociedad en la que actúan. Los lobos no paren tulipanes y viceversa. La sociedad cubana, mediada la década de los veinte, quería cosas contradictorias. Un popular periodista que se firmaba Tom Mix, especialmente perceptivo,-escribió por aquel entonces

¿Cómo y por qué la historia de Cuba desembocó en Fidel...?

su *Manual del perfecto sinvergüenza*. El modelo no mencionado era Zayas, pero el libro, muy abarcador, describía la confusión y el cinismo imperantes. El cubano quería estabilidad, pero marchaba tras las cornetas de los caudillos; quería honradez, pero no se horrorizaba con los desmanes de sus políticos y funcionarios, que continuaban gozando de gran preponderancia. No había sanción moral. Los ladrones eran criticados pero no castigados y ni siquiera excluidos. Se daba por sentado que el Estado era para eso: para saquearlo. Se llegaba al poder para la coima, la comisión, para recibir en pago las famosas *botellas*. Había también figuras públicas honestas —Enrique José Varona, Sanguily, Montoro—, pero desgraciadamente no parecían ser la regla sino las excepciones.

¿Cuál es el origen de ese divorcio, casi esa hostilidad, entre la sociedad cubana y la cosa pública? En mi libro *Las raíces torcidas de América Latina* me atrevo a aventurar una tesis *historicista*: nunca los latinoamericanos pudieron ver al Estado como algo propio, libremente segregado para el común beneficio. Desde el momento mismo de la colonización, el Estado fue percibido como una arbitrariedad impuesta desde fuera y para beneficio de una pequeña camarilla. A las colonias se iba a robar. Muchas de las grandes fortunas españolas se hicieron en la riquísima Cuba. Más aún: las devastadoras guerras carlistas se financiaron en gran medida con dinero proveniente de la colonia cubana. La república, desgraciadamente, no nos cambió esa percepción. Cuando los criollos se hicieron con el control y administración del Estado, como ya se ha afirmado en estos papeles, y como recuerda Enrique José Varona en la frase antes citada, repitieron los comportamientos aprendidos en la era colonial.

Nada de esto, naturalmente, es verificable. Es sólo una racionalización *a posteriori*, pero acaso sirve para explicar lo que entonces sucedía: los viejos polvos coloniales trajeron estos lodos republicanos. Había una magnífica constitución, la de 1901, pero el Estado de Derecho no descansa en los códigos legales sino en las creencias, valores y actitudes de las personas que tienen que cumplir con esas leyes. Inglaterra ni siquiera posee una constitución escrita. Los haitianos han redactado más de veinte. Los cubanos teníamos la apariencia de una república democrática, pero nos faltaban los pilares abstractos sobre los que se sustenta la convivencia democrática. Nos faltaba la cultura cívica. Por esa carencia entró Castro como una tromba.

Estado y mentalidad revolucionarios
En 1925, ciertamente asqueados del desorden, y en medio de una aguda crisis económica, los cubanos elegimos a un general de mano dura, Gerardo Machado, para que, como entonces de decía, «metiera el país en cintura». Ex ministro de Gobernación de José Miguel Gómez, traía fama de enérgico, de honrado y de nacionalista. Probablemente era las tres cosas, pero también era mesiánico, despreciaba el juego democrático y podía ser despiadado con sus adversarios: no vacilaba en ordenar la tortura y la muerte de sus enemigos. Superando el desprecio de Estrada Palma, Gómez y de Menocal por el Estado de Derecho, retorció la Constitución para alargar su mandato y el de un Congreso mayoritariamente dócil. En lugar de cometer el fraude en las urnas, lo cometió en el Parlamento. Sin embargo, su comportamiento no era cualitativamente distinto al de sus predecesores. Sólo era cuantitativamente peor. Creó una *porra* que apaleaba y —a veces— mataba opositores. Fue el mecanismo precursor de las *Brigadas de Respuesta Rápida* copiadas por Castro varias décadas más tarde.

Por aquellos años, no obstante, se produjo una modificación sustancial de las creencias sostenidas por los cubanos: como consecuencia de la época —auge del fascismo y del comunismo—, se afianzó en la sociedad la idea de que el desarrollo económico y la justicia social —una distribución equitativa de la riqueza nacional— tenían que ser impulsados por el Estado. El problema no estaba en la escasa creación de riqueza —un asunto de producción y productividad— sino en la injusta distribución de esa riqueza. La pala-

¿Cómo y por qué la historia de Cuba desembocó en Fidel...?

bra «pobre» fue sustituida por «desposeído». Los que nada o poco tenían eran víctimas de quienes los habían privado de lo que supuestamente les pertenecía. Este planteamiento llevaba implícita la absurda suposición de que los bienes y servicios existentes no podían expandirse. La riqueza era una cosa estática, como el tesoro que se guarda en un cofre, que había que distribuir equitativamente. Todas las fuerzas políticas del país surgidas en la lucha contra Machado en mayor o menor medida participaban de esta creencia: el *ABC*, el *Directorio Revolucionario Estudiantil*, su disidente *Ala Izquierda*, la *Joven Cuba*, y, naturalmente, el *Partido Socialista*. Para los aspirantes a gobernar, el objeto teórico de llegar al poder dejó de ser crear infraestructura material y administrar el bien común con arreglo a las leyes, y se convirtió en establecer en la Isla un tipo de gobierno que les asignara a las personas lo que era justo que éstas poseyeran. ¿Quiénes eran los llamados a esa tarea? Eran unos tipos llamados *revolucionarios*. Es decir, ingenieros sociales provenientes de la lucha armada, decididos a imponer un mundo mejor, más próspero y más justo. Gentes que, como acuñara Hayek, poseían la *fatal arrogancia* de saber lo que había que producir y lo que cada cual debía poseer. Gentes que acabarían forjando una cultura revolucionaria a la que el ensayista Carlos Rangel le pondría un nombre feliz: el *tercermundismo*.

Los revolucionarios, además, no eran una especie únicamente cubana. Desde 1910, a partir de la revolución mexicana, de manera creciente los latinoamericanos comenzamos a jugar con el fuego populista antidemocrático, alimentado con ideas contrarias a la libertad económica, lo que en su momento acabó por propiciar el ascenso al poder de una variada y pintoresca fauna que provocó en nuestros países catástrofes de distinta intensidad pero de similar origen cultural. Esto es importante tenerlo en cuenta: pese a la singularidad antropológica de Castro, cometeríamos un error si pensáramos que lo sucedido en Cuba constituye un fenómeno exclusivo dentro del contexto latinoamericano. No es así: sólo se trata de una variante más estridente compuesta sobre el mismo tema. Una variante duradera debido a los mecanismos represivos que posee y que aprendió de la URSS, pero emparentada con otras. En efecto: a derecha e izquierda, la historia latinoamericana está plagada de parecidos fenómenos políticos alimentados por la misma cultura revolucionaria: Perón, Getulio Vargas, Velasco Alvarado, los sandinistas, incluso las dictaduras militares calificadas como «reaccionarias», últimamente Hugo Chávez, se hermanan en el desprecio por el Estado de Derecho, en el *role* central que le asignan al gobierno, en el autoritarismo, en el rechazo al mercado y en una actitud visceralmente antioccidental expresada en diversos grados de antiyanquismo. Castro es solamente la modalidad comunista del *tercermundismo*, como Perón fue la fascista.

La caída de Machado en 1933 marca exactamente ese punto de inflexión en la historia republicana de Cuba. Los políticos —buenos, malos o regulares—, casi todos provenientes de la guerra contra España, desaparecen y les dan paso a los *revolucionarios*. Los *generales y doctores*, como reza el título de la novela de Carlos Loveira, dejan de ser el arquetipo del líder político. A partir de ese momento este papel lo desempeñan los revolucionarios. Eso es el *guiterismo*. Eso es el *batistianismo*. Eso es el *autenticismo* y su desprendimiento *ortodoxo*. Da igual que estos partidos los dirijan representantes de la burguesía tradicional o de las clases medias educadas en los que no faltaban ciertas virtudes y buenas intenciones. Lo que prevalece entre ellos es la mentalidad revolucionaria. ¿En qué consiste? Básicamente, en sostener que el desarrollo y la distribución equitativa de los bienes y servicios es algo conveniente que se impone verticalmente, desde la cúspide del poder, por medio de medidas dictadas por personas dotadas de un corazón noble y una audacia singular. La imagen perfecta del revolucionario es la del admirado Antonio Guiteras, y el acto emblemático que lo consagra es su entrada en la compañía de electricidad ametralladora en mano decidido a rebajar el costo del consumo de energía.

¿Cómo y por qué la historia de Cuba desembocó en Fidel...?

El revolucionario, por supuesto, no es sólo un ingeniero social dispuesto a construir un paraíso con el cañón de su pistola. Para poder actuar, el revolucionario necesita dotarse de un diagnóstico sobre los males que aquejan al país y de un recetario para curarlos. Ambas cosas se las suministra el socialismo de los fascistas y el de los comunistas. El capitalismo —suponen los revolucionarios— es un sistema opresor que lleva a la desigualdad y al enriquecimiento de unos pocos en detrimento de la mayoría. El mercado crea precios injustos que deben corregirse con leyes, decretos y controles. Poseer propiedad con carácter privado no está entre los Derechos Humanos importantes. Se puede violar sin complejos. Para los revolucionarios es legítimo hacerlo. Las inversiones extranjeras conducen a la explotación en beneficio de los poderes imperialistas. Estados Unidos es el representante más nocivo de esta fase odiosa de la expansión del capital. ¿Cómo se alivian los males de la sociedad cubana? Muy sencillo: con la acción de un Estado controlado por los revolucionarios. De una u otra forma esto es lo que se lee en los conocidos programas de abecedarios, auténticos, ortodoxos y —naturalmente— comunistas. Es verdad que, con la excepción de los comunistas, nadie renuncia explícitamente al método democrático, pero es difícil creer que la democracia puede sobrevivir mucho tiempo donde prevalecen las creencias revolucionarias o los valores y actitudes propios del autoritarismo.

En efecto: muy poca gente en Cuba se daba cuenta de la contradicción fundamental que subyace entre la democracia y la mentalidad revolucionaria. La verdadera democracia —y esta es un debate iniciado entre Platón y Aristóteles hace dos mil quinientos años— se basa en una delegación de la autoridad que asciende desde la masa y se desplaza hacia la cúpula. Al menos teóricamente, la clase dirigente no es investida de poderes para mandar, sino para obedecer la voluntad popular. Dentro de ese esquema, la sociedad civil es la que rige, y los servidores públicos están llamados a obedecer. ¿Obedecer a quién? A las leyes que libremente se dan las

Cuba: Un siglo de doloroso aprendizaje

personas para protegerse de las arbitrariedades de otros y del conjunto de la sociedad. Ése es el Estado de Derecho moderno, lenta y dificultosamente surgido en Occidente a partir de la *Revolución Gloriosa* que tuvo lugar en Inglaterra en el siglo XVII, luego continuado con el establecimiento de la república estadounidense en 1776. Nadie —proclamó Locke— debe situarse por encima de la Constitución. Nadie puede ignorar las reglas sin recibir por ello el castigo que establezca el código penal. Todo puede ser discutido, menos ese principio clave.

A partir de 1933 se constituye en Cuba un estado revolucionario. En el Estado revolucionario, unos hombres y mujeres convencidos de que actúan en beneficio del pueblo, dictan las medidas que les parecen convenientes para la felicidad colectiva. Ni se consulta ni se pide el consentimiento: se da por otorgado. ¿Quién va a oponerse a unos hombres y mujeres henchidos de buenos deseos? El primer gobierno de Grau —apenas cien días— es una buena muestra de ello. Los siete años que siguen, controlados por Batista, son también revolucionarios. Hay crímenes horrendos —entre ellos el de Guiteras—, pero Batista no se ve a sí mismo, ni lo ven los cubanos de la época, como un tirano conservador. Por el contrario: es el hombre público, luego presidente, de extracción más pobre, y el único mestizo llegado al poder en toda la historia de Cuba, síntomas que aparentemente garantizan su condición *popular*. Batista se considera un *progresista* y así lo calificarán los comunistas en los años cuarenta. El 4 de septiembre de 1933, fecha de su primer golpe militar, es el inicio de una *revolución*. Muchas de las leyes que promulga lo confirman con un rasgo típico de este tipo de legislación revolucionaria: entorpecen el libre funcionamiento del mercado. La posterior *Ley de coordinación azucarera* es una buena muestra de esa mentalidad dirigista. El pastel se reparte ordenadamente. La sociedad, por cierto, aplaude. La sociedad también es revolucionaria.

En 1940, pasado el largo interregno postmachadista, se estrena una flamante constitución notablemente intervencionista, preñada de retórica socialista, hija de la que los revolucionarios mexicanos promulgaron en Querétaro en 1917 o los alemanes en Weimar algo más tarde. Los cubanos se enorgullecen y ufanan hasta nuestros días del carácter *progresista* de ese texto legal. Creen que la *Constitución del 40* marca el fin de la revolución del 33, pero es todo lo contrario: es la evidencia de su consolidación. Es el reflejo de la mentalidad social imperante, típica, por cierto de toda América Latina. Es una constitución tan nacionalista que le cierra el paso a la docencia a los extranjeros. Max Planck o Albert Einstein no hubieran podido enseñar en la Universidad de La Habana. ¿Por qué una medida tan monstruosa? Porque muchos brillantes exiliados españoles, catedráticos de excelente nivel intelectual, intentaban quedarse en Cuba y se pretendía cerrarles el paso. Era una constitución tan absurdamente intervencionista, que fijaba el salario de los maestros en una millonésima parte del presupuesto nacional, como suele recordar el profesor Jorge Domínguez. ¿Es posible balancear un presupuesto con esa disposición constitucional gravitando sobre la contabilidad?

En el terreno de la convivencia, pareciera que se fortalecían los cauces institucionales, pero la impunidad con que unos y otros violan las leyes revela que los cambios son más formales que reales. El héroe sigue siendo el revolucionario, es decir, el mesías, ahora dotado de *instinto social*, dueño y señor de una gallarda biografía salpicada de hechos violentos. En realidad no se ven modificaciones muy grandes en la escala de los valores y las actitudes. Lo que ha habido es un cambio en la zona de las creencias económicas. La corriente estatista se ha visto fortalecida desde todos los ángulos: al fascismo y comunismo de las décadas de los veinte y treinta ahora se suma el *keynesianismo* surgido, paradójicamente, para salvar a las economías capitalistas tras la recesión planetaria desatada en 1929. Es decir, se abre paso la hipótesis de que el gasto público es el instrumento idóneo para regular la economía y generar empleo. El Estado es, pues, o debe ser, el principal actor económico. Es lo que se dice a la iz-

Cuba: Un siglo de doloroso aprendizaje

quierda y derecha del espectro político. Hasta la Iglesia católica en cierto momento afirma que la propiedad privada sólo se justifica cuando cumple una *función social*.

En la nación no hay grupos organizados que defiendan las libertades económicas, los derechos de propiedad y la sujeción a las reglas. Postular ese modelo de estado era, precisamente, ser contrarrevolucionario, anticuado, reaccionario. La cultura revolucionaria era tan intensa que la palabra «conservador» desapareció del panorama político. Ningún partido se atrevía a reivindicar el objetivo crucial de defender el Estado de Derecho. Nadie parecía darse cuenta de que sin instituciones, sin sosiego político, sin reglas claras y predecibles administradas por un Poder Judicial independiente, es muy difícil hacer planes a medio y largo plazo —el tiempo es crucial para la creación de riquezas— acumular capital, invertir y estimular el ciclo economico para mejorar el destino de los más necesitados. Los revolucionarios creían que la prosperidad, simplemente, se decretaba desde la casa de gobierno o cambiando los nombres de los beneficiarios de tierras o bienes inmuebles en el Registro de Propiedad. Ignoraban que la prosperidad se hacía en la labor intensa de las empresas, en los centros financieros, en las casas de estudio que fomentaban el «capital humano», o en los pocos laboratorios innovadores que existían en el país. Cuanto sucede en Cuba, por demás, insisto, no es un fenómeno aislado: Lázaro Cárdenas en México, Perón en Argentina o Vargas en Brasil también expresan una generalizada visión estatista, dirigista y antidemocrática. En Cuba, llegado su momento, esas simplonas creencias se potenciarán letalmente como consecuencia de las supersticiones marxistas administradas por gentes especialmente incapaz y desorganizada.

El 10 de marzo de 1952 Fulgencio Batista derriba al gobierno de Carlos Prío. ¿Por qué lo hace? Porque las elecciones estaban a la vuelta de la esquina —junio de ese mismo año— y difícilmente el sargento autoascendido a general rebasaría el 10 por ciento de los sufragios. Batista da un golpe porque quería volver al poder y esto le era imposible por

¿Cómo y por qué la historia de Cuba desembocó en Fidel...?

medio de las urnas. Para un revolucionario la legalidad vigente es una zarandaja de poca monta. Obviamente, no es así como Batista justifica su acción: dice, paladinamente, que se trata de una revolución. Da el golpe —afirma— para acabar con el desorden y la corrupción de los auténticos, y para impartir justicia social. Promete casas y aumentos de salarios. Restablece la pena de muerte para castigar ciertos crímenes y dicta unas leyes basadas en el principio —luego invocado por Fidel Castro— de que «la revolución es fuente de derecho».

¿Qué hace la ciudadanía ante estos hechos? En general, responde con la mayor indiferencia. El golpe es prácticamente incruento. La gran mayoría de los cubanos no respaldaba a Batista pero tampoco se identificaba con la Constitución o con las instituciones del país. De alguna forma, la ciudadanía también era revolucionaria, de manera que no apreciaba demasiado un andamiaje institucional creado para salvaguarda de un Estado que seguía percibiendo como ajeno. El «pueblo» esperaba que *alguien* repleto de buenas intenciones, y no la acción espontánea de la sociedad actuando dentro de los márgenes de la ley, arreglara los males del país. Es verdad que Batista, hombre fuerte durante siete años (1933 a 1940) y presidente legítimo durante otros cuatro (1940-1944), había demostrado con creces su deshonestidad y su falta de escrúpulos, pero Grau (1944-1948) y Prío (1948-1952), los otros dos presidentes constitucionales, no habían sido mucho mejores. Por lo menos eso era lo que no se cansaban de decir los ortodoxos de Eduardo Chibás antes y después de su suicidio en 1951. ¿Cuál era la esencia del mensaje ortodoxo? Grau y Prío —afirmaban los líderes ortodoxos—, los mandatarios auténticos, al margen de la corrupción, habían traicionado el espíritu revolucionario de 1933. No habían decretado, como de ellos se esperaba, la transformación del país desde la cumbre del poder, algo que se suponía que debían hacer los gobernantes revolucionarios.

El revolucionario hace la revolución

Llegamos, finalmente a 1959. Batista huye, y el 8 de enero, tras un recorrido triunfal por la Isla, entra Fidel Castro en La Habana al frente de su ejército de jóvenes e inexpertos barbudos. El país se rinde a sus pies. ¿Por qué? Porque Fidel es la quintaesencia del revolucionario: ha derrotado violentamente al mal y viene a salvarnos, como los profetas, en un carro de fuego. Viene a hacer justicia y a reordenar nuestro mundo de acuerdo con sus bondadosas intenciones. Trae, además, en su alborotada cabecita, una clara explicación de los problemas de la nación cubana y un puñado de maneras expeditas de resolverlos. Todo lo *domina* —verbo que desde entonces comienza a sustituir a *conocer*—, y para cada inconveniente posee una fórmula sencilla, un *truquito* mágico. La premisa básica es rotunda: el Estado es quien único sabe y quien mejor puede asignar bienes, servicios y recursos. El Estado, por supuesto, es él. Los enemigos son los capitalistas. Los gringos son los principales explotadores y se sirven de la burguesía local, su aliada incondicional, para esta innoble tarea. Pero este revolucionario va mucho más allá de los que hasta ese momento habían surgido en el país: Castro no sólo quiere hacer la revolución en Cuba. Quiere hacerla en todo el planeta para beneficio de la URSS y para gloria de la causa comunista, de la que se siente su primer abanderado.

Vuelvo al inicio de este epígrafe: ahora se ve con mayor claridad por qué los cubanos fueron —fuimos— incapaces de reaccionar frente a este muchacho desquiciado e ignorante, dotado de una voluntad de hierro y de un ego absolutamente descomunal que le impide rectificar errores y revocar decisiones, y lo vuelve indiferente ante la realidad. Inmersos todos en la cultura revolucionaria, eran —éramos— incapaces de juzgar a este tipo de enloquecido caudillo. Ni sus ademanes arrebatados, ni su incontinencia oral nos parecían atrabiliarios. Todo eso nos resultaba entrañablemente familiar. Así, apasionados y locuaces, eran o debían ser los grandes revolucionarios. La revolución, a fin de cuentas, era una ceremonia que primero se celebraba en las tribunas. Era un discurso infinito, un modelo mental que tomaba cuerpo en la palabra y en la agitación permanente del líder. Los dioses políticos, como Castro, eran diferentes. ¿A quién podía importarle que Castro, en la postadolescencia —entre los 17 y los 23 años— fuera un *gangster* faccioso, un *tira-tiros* con víctimas comprobadas? Ejercer la violencia en Cuba no era la prueba de un temperamento sicopático sino una demostración evidente de carácter. Eran legiones los que admiraban a Rolando Masferrer, a Emilio Tro, a Leon Lemus. ¿Que Castro no tenía la menor experiencia en nada que se pareciera a un gobierno o a la más elemental estructura productiva? ¿Que su idea del mundo era una caricatura recogida en tertulias políticas calentadas por trallazos de cafeína y humo de tabaco o en una más que deficiente educación universitaria? ¿Que jamás había acatado reglas, trabajado en equipo o simplemente formulado y ejecutado presupuestos? Nada de eso importaba. Lo que había que tomar en cuenta era su declarada buena voluntad, sus seráficas intenciones, o ese *algo* laberíntico y confuso a lo que llamaban sus *ideas*. ¿Qué podía resultar más lógico y propio para una mentalidad revolucionaria que el hecho de que todo el poder fuera ejercido por quien, finalmente, llegaba a hacer la esperada, la mítica revolución tantas veces anunciada y tantas veces traicionada?

Los atropellos que enseguida vinieron no tardaron en ser cohonestados por la inmensa mayoría del pueblo. Privar de sus propiedades a los terratenientes o a los casahabientes, a los banqueros, a los comerciantes e industriales grandes y pequeños; intervenir y cerrar periódicos y otros medios de comunicación; difamar, perseguir y encarcelar a quienes disentían: todo eso se justificaba en nombre de la revolución. A muy poca gente le importaba el Estado de Derecho. Defender la propiedad privada era de mal gusto, algo impensable, propio de personas codiciosas que no tenían en cuenta las necesidades de los desposeídos. Por eso el andamiaje institucional se deshizo en un soplo. El país carecía de una masa crítica de ciudadanos provistos de una visión jurídica y moral capaz de defender el Estado de Derecho. No había partidos políticos organizados. El poder judicial carecía de prestigio y fue destruido y rehecho al antojo de los nuevos gobernantes. Sindicatos, colegios profesionales, claustros universitarios cayeron sin pena ni gloria, a veces sin lucha. Nada fue capaz de resistir el empellón revolucionario de Castro porque nos asomamos a la vida republicana con una tabla de valores y unas actitudes contrarias a la convivencia en libertad, a lo que luego —especialmente tras la caída de Machado— sumamos unas absurdas y equivocadas creencias de carácter económico.

La verdad es que Castro fue perfectamente coherente con la tradición revolucionaria del país: si el desarrollo y la felicidad nos vendrían de la mano de un caudillo iluminado, él se sintió ese particular mesías. Si la economía de mercado y la codicia de los empresarios privados eran responsables de la pobreza ¿por qué no reemplazarlos por otro sistema más justo? Si los yanquis y los inversionistas extranjeros les succionaban la sangre a nuestros menesterosos, ¿por qué no echarlos a patadas del país y salir a combatirlos por las cuatro puntas del planeta? Si los enemigos de la revolución se oponían a estos actos justicieros ¿qué otra cosa podía hacerse que destruirlos, arruinarlos y privarlos de sus medios de hacer daño? Castro era y hacía, en suma, lo que triste e insensiblemente se había incubado en el país a lo largo de muchísimo tiempo. La sociedad plantó la semilla y abonó la tierra. Un día, ésta dio su fruto. Castro sólo aportó el matiz de su temperamento indomable, su audacia y su ignorancia —mezcla usualmente fatal—, su personalidad rígida propia de las sicologías narcisistas, su autismo ideológico inasequible a la fatiga o al asedio de la razón.

¿Mañana será igual?
La inevitable pregunta es si estamos para siempre condenados a padecer gobiernos autoritarios dirigidos por caudillos mesiánicos, o si alguna vez podrá establecerse en Cuba una verdadera democracia moderna, en la que existan libertades

¿Cómo y por qué la historia de Cuba desembocó en Fidel...?

económicas y políticas garantizadas por un Estado de Derecho libre y voluntariamente segregado por una sociedad madura, portadora de un espíritu tolerante, respetuoso de los individuos y obediente de las reglas. Es decir, una sociedad parecida a las que habitan en las veinte naciones más dichosas del planeta. En otras palabras: ¿desaparecerá con Castro la mentalidad revolucionaria que le dio vida al Estado revolucionario? Naturalmente, es muy difícil hacer predicciones confiables sobre la conducta de los pueblos. Sin embargo, es razonable pensar que las personas y por ende las sociedades, aprenden de sus errores y son capaces de enmendar actitudes, reordenar sus valores y desechar ideas y creencias equivocadas. La vida de las personas y (tal vez) de los pueblos, es un inmenso ejercicio de tanteo y error. Alemania, Japón, o nuestra más próxima España, son buenos ejemplos.

La mención de España no ha sido fortuita. Como no ignoran muchos cubanos, he vivido en España los últimos treinta años de mi vida, y presencié, formé parte, y hasta colaboré muy modestamente en la llamada «transición española» vinculado a grupos liberales o a publicaciones que defendían el paso a la democracia. En aquel entonces, una parte de la sociedad española, la franquista, opinaba, como el caudillo muerto, que España era ingobernable sin la fusta de un mesías bien intencionado que impusiera a palos el orden y el buen gobierno. Franco, aunque le horrorizaba la palabra, era, en ese sentido —el sentido autoritario— un revolucionario. Solía decir que entre los españoles revoloteaban los demonios del desorden y la desobediencia, de donde deducía que gobernar consistía en mantener a raya a esos diablillos sueltos. A su manera, Franco se consideraba un gran exorcista, el primero de España. Sus ideas eran esencialmente diferentes a las de Castro, pero coincidían en la creencia de que la autoridad debía descender verticalmente desde el hombre providencial hasta la masa obediente. Acaso por eso mismo los dos caudillos —uno comunista, el otro anticomunista— no se llevaban tan mal como en principio uno podría imaginar.

Cuba: Un siglo de doloroso aprendizaje

Se tenían la mutua admiración que suelen profesarse los *hombres fuertes* persuadidos de que son mucho mejores que los pueblos sobre los que ordenan y mandan. En realidad no era un fenómeno insólito: Mussolini, por ejemplo, apreciaba notablemente a Stalin.

Afortunadamente, ni Franco ni los franquistas tenían razón. De alguna manera, sin que nadie supiera por qué ni cómo, la sociedad española, tras cuarenta años de franquismo, de prédica totalitaria —un solo partido, una sola y excluyente idea— se había convertido en una sociedad moderada, tolerante, deseosa de ser gobernada por procedimientos democráticos en los que se tuviera en cuenta el consentimiento de los gobernados. ¿Se puede extrapolar este ejemplo al caso cubano? Es difícil por las mil diferencias y los cien mil matices que perfilan ambos procesos históricos, pero tal vez no lo sea formular una conclusión universal: los pueblos cambian cuando se agotan los paradigmas sobre los que se sustentaba su convivencia. El fracaso total y apabullante del castrismo acaso comporta el fin de la mentalidad y el Estado revolucionarios. Es posible que de esta terrible experiencia salga una sociedad cansada de caudillos, horrorizada con la violencia, escéptica frente a los mesías, desconfiada frente a los ingenieros sociales. Tal vez tras este inmenso infortunio los cubanos comiencen a valorar la importancia de someterse al imperio de la ley y no a la buena voluntad de los líderes excepcionales. Acaso se tornen más pesimistas y exigentes con relación a la naturaleza humana, origen de la división de poderes y de los mecanismos de balance y equilibrio que caracterizan a las repúblicas. Quién sabe si al fin han aprendido cómo se crea la riqueza y cómo se malgasta, la importancia de la propiedad privada, las ventajas y virtudes del mercado como instrumento para generar y asignar bienes y servicios, el *role* verdaderamente constructivo del Estado y el peso que tiene la sociedad civil en las naciones exitosas.

Naturalmente, no hay ninguna garantía de que el castrismo dejará como herencia un país vacunado contra la utopía y el comportamiento revolucionarios. Ojalá que esa transformación del espíritu y el intelecto de los cubanos haya tenido lugar, pero es difícil saberlo. El tercermundismo, como vemos en la Venezuela de Hugo Chávez, es duro de pelar. En todo caso, si así fuera, tan pronto se inicie en Cuba la esperada transición, es posible que en un plazo relativamente breve los cubanos tomen el camino de la prosperidad dentro de un modelo político democrático compatible con el siglo XXI. Al fin y al cabo, la segunda mitad del XX nos legó una lección muy valiosa y esperanzadora: es factible, en el curso de una generación, ver cómo una sociedad resurge de las cenizas y construye un modo de vida decente y rico. Algunos pueblos —Alemania, Japón, Singapur, Hong Kong, la propia España, en cierta medida Chile y Taiwan— lo lograron. No hay nada que impida que ese mismo fenómeno suceda en Cuba. Salvo que los propios cubanos no seamos capaces de analizar la historia y aprender de nuestros propios errores.

Las tres repúblicas de Cuba y el hilo que las une

En sus cien años de existencia la República de Cuba exhibe tres etapas históricas muy claramente definidas: de 1902 a 1933 transcurre la *república mambisa*, heredera directa de las guerras de independencia, cuyo núcleo conflictivo se trenza en torno a las relaciones con Estados Unidos, de una parte, y al muy difícil asentamiento de las normas democráticas, por la otra. Entre 1933 y 1959 sobreviene la *república social*. Es el periodo que va desde la caída de Machado hasta la fuga de Batista. Algo más de un cuarto de siglo en el que se debaten, a veces a tiros, las forma y función del Estado. En esta época la vida política cubana, exactamente igual que en el resto de América Latina, adquiere connotaciones ideológicas. Los partidos y los grupos "revolucionarios" —autenticismo, ortodoxia, guiterismo, socialismo, *abecedarismo*—, además de luchar por el poder, proponen y defienden ciertos modelos sociales y económicos. Por último, desde 1959 hasta hoy en el país se ha establecido la *república comunista*, con presupuestos teóricos extraídos del marxismo-leninismo y estructura burocrática calcada de la Unión Soviética de los años setenta del siglo XX.

¿Hay algo que unifique esos tres periodos de la historia de Cuba? Por supuesto. Aunque menos evidentes, hay varios modos de comportamiento típicos de la clase dirigente en el terreno político, presentes desde el 20 de mayo de 1902 hasta hoy, que de alguna manera explican nuestra azarosa travesía republicana. Son nuestras *constantes*, tal vez nuestras trágicas *constantes*: la violencia, el caudillismo, la intolerancia frente al adversario, la falta de respeto por las reglas democráticas, la concepción patrimonialista de un Estado como botín de guerra con el que se premia a los adeptos o como un instrumento para castigar al adversario, y la asignación de la culpa de nuestras desgracias a poderes extraños empeñados en perjudicarnos.

La república mambisa
De estos males ni siquiera se salva nuestro primer presidente, el honrado D. Tomás Estrada Palma, una veces como víctima y otra como victimario. Ya en 1903, a poco de comenzar su mandato, otros veteranos de la guerra de independencia trataron de secuestrarlo o matarlo. Y en el tiempo que duró su primer gobierno, hasta las elecciones de 1905, no hubo año en que no tuviera que enfrentar insubordinaciones y desórdenes violentos. Con él, además, comenzaron otras dos de nuestras más graves patologías políticas: el caudillismo, expresado en el continuismo, y la burla a los procedimientos electorales marcados por la ley.

Don Tomás se creyó indispensable y forzó su reelección. ¿Cómo trató de hacerse reelegir? Pues utilizando procedimientos aprendidos durante los años del muy imperfecto ejercicio político de las últimas décadas de la soberanía española sobre la Isla en el siglo XIX: adulterando boletas, robándose las urnas, falsificando las actas. La entonces flamante constitución de 1901 permitía la reelección —ése no era el problema— pero lo grave era la burla flagrante de las reglas electorales, espectáculo que degradaba todo el proceso democrático.

Poco después estalló la guerra, porque la sociedad no rehuía la violencia. Probablemente la admiraba. La primera estrofa de un soneto de aquellos años describe con mucho orgullo al prototipo del criollo cubano: "Luzco calzón de dril y chamarreta/ que con el cinto del machete entallo/ en la guerra volaba mi caballo al sentir mis zapatos de baqueta/ de entonces guardo un colt y una escopeta, por si otra causa de esgrimirlos hallo." Tan pronto aparecía la causa, real o aparente, salían a relucir el colt y la escopeta.

Don Tomás, y quienes luego le siguieron en el ejercicio del poder, no entendieron la esencia de lo que es una república democrática: una sociedad organizada como Estado de Derecho, es decir, fundada en leyes y principios neutrales, dotada de una delicada arquitectura institucional, en la que diversos poderes se contrapesan para evitar los atropellos y los privilegios, que selecciona a sus servidores públicos y toma las decisiones con arreglo a normas democráticas basadas en la voluntad de las mayorías, pero teniendo en cuenta los derechos imprescriptibles de las minorías y de los individuos. Tampoco entendieron que para que ese modelo de convivencia pudiera funcionar, al menos entre la clase dirigente tenían que prevalecer ciertos valores morales sin los cuales de muy poco sirven las normas escritas y los propósitos declarados: la tolerancia, la voluntad de negociar y encontrar puntos de consenso, el *fair-play*, y el respeto por la ley.

Desgraciadamente, no se condujo así la *república mambisa*, y en 1906 ya tuvimos el primer conato de guerra civil, resuelto con la segunda intervención norteamericana, pedida a gritos por las dos partes en conflicto, gesto que inaugura la tendencia a buscar en el exterior la solución o la coartada de nuestros males. Hecho, por cierto, que incomoda a Teddy Roosevelt, presidente de Estados Unidos, desesperado por la incapacidad de los cubanos para convivir pacíficamente, y quien en su correspondencia privada llega a soñar con que un acto de cólera divina borre de la faz de la tierra a esos levantiscos e irracionales caribeños.

A partir de este episodio —el fraude electoral de 1905 y la respuesta violenta que motiva y cobra fuerza en agosto de 1906— ya no hubo una convocatoria a las urnas que no estuviera manchada por los escándalos y las reclamaciones. La dudosa reelección del general Mario García Menocal en 1917 desembocó en otra guerra civil, de nuevo abortada por el desembarco de los marines, aunque esta vez sin intervención política directa. La elección de Zayas en 1920 fue duramente contestada y resultaron necesarias varias consultas complementarias regionales para que se admitiera la legitimidad de los comicios y "el Chino" pudiera tomar posesión del cargo en 1921. Son estos desórdenes, sumados a la corrupción, los que impulsan la candidatura del general Gerardo Machado, un político con fama de tener la mano dura, ex Ministro de Gobernación del gabinete de José Miguel Gómez, quien en 1925 llega al poder para "meter en cintura" a la república.

Machado no hará trampas en las urnas, sino en el Parlamento. Su facción liberal y una facción conservadora en 1928 se ponen de acuerdo para prorrogar sus poderes ilegalmente, cerrándoles las puertas a las demás fuerzas políticas. El caudillo Machado se cree imprescindible. Un poeta de la época le escribe unos versos a Lutgarda, la madre del ya dictador, que comienzan así: "Dios te salve, Lutgarda, llena eres de gracia". Lutgarda era la madre del dios de los cubanos. Pero ese dios en 1933 cae asediado por una combinación mortal entre una crisis económica generalizada en todo el planeta, la acción violenta de una insurrección popular sostenida por las clases medias y los estudiantes, una conspiración militar de los mandos medios, y la pérdida del apoyo de unos Estados Unidos presididos por Franklin D. Roosevelt, empeñados en abandonar los viejos hábitos de las intervenciones militares, convencidos de que no sirven de mucho.

Todos, desde Estrada Palma hasta Machado, incluidos José Miguel Gómez, Mario García Menocal y Alfredo Zayas, habían manifestado poco respeto por el Estado de Derecho, aunque el peso de las faltas y violaciones de la ley fueran más evidentes en unos gobernantes que en otros. A Estrada Palma, con razón, mientras le reconocían su probidad personal, le imputaron su incumplimiento doloso de las normas electorales. A Gómez, Menocal y Zayas les achacaron ese mismo pecado, pero les agregaron una dosis alta de corrupción. Machado aparentemente fue algo más escrupuloso en el manejo de la hacienda pública, pero no tuvo reparos en utilizar el terrorismo de Estado con una absoluta brutalidad. La tortura y el asesinato abundaron durante su administración, aunque mucho más en el segundo periodo. Por otra parte, todos los gobiernos de la *república mambisa*, tuvieron que enfrentarse a conspiraciones, levantamientos armados y numerosos homicidios políticos que perturbaron notablemente la paz social. Y todos utilizaron la estructura del Estado para otorgar prebendas y privilegios a los amigos, práctica que la sociedad estimulaba y criticaba simultáneamente, como suele ocurrir en los estados patrimonialistas y *clientelares* en los que nunca llega a cuajar una verdadera meritocracia.

La república social
A partir de 1933 se produce una especie de relevo generacional, aunque las personas que ocupan la presidencia del país entre 1933 y 1940, exceptuado Ramón Grau San Martín y su gobierno de apenas 100 días, siguen siendo héroes de las guerras de independencia, pero ya en el último tramo de la vida. Sin embargo, quien manda en el país es un humilde sargento, taquígrafo del ejército, ascendido primero a coronel y luego a general, llamado Fulgencio Batista, nacido con el siglo XX, tras la derrota de España. Es el primer mestizo que alcanza la jefatura del país, se auto califica como revolucionario, y se siente vinculado a los sectores populares. Ejerce la represión con tanta dureza como requiera su permanencia en el poder. Tampoco es reacio a la corrupción. Sin embargo: se percibe como un hombre de izquierda. La guerra civil española (1936-1939), que funciona en Cuba como una especie de codificador ideológico, tendrá a Batista entre los partidarios de la República.

Las elecciones de 1940 ponen fin al interregno autoritario postmachadista. Aparentemente, la nación se moderniza y adopta una constitución "progresista". Eso quiere decir que el texto constitucional, como ya era frecuente en Occidente, se convierte en un catálogo de objetivos generosos. Sabiamente, prohíbe la reelección en periodos consecutivos para tratar de evitar el continuismo de los caudillos "insustituibles". El estado se hace más intervencionista y se adjudica la función de distribuir equitativamente la riqueza. En 1944 el Dr. Ramón Grau San Martín alcanza la presidencia en medio del mayor fervor popular que había conocido Cuba desde el momento estelar de José Miguel Gómez. A Grau se le supone un "revolucionario" porque ha surgido de la revolución contra Machado. Era un prestigioso catedrático de la Facultad de Medicina, enemigo de Machado, y los estudiantes lo eligieron como cabeza de la oposición. Su gobierno (1944-1948) es una suma de acertada conducción económica con abundante corrupción y cierta dosis de violencia política tolerada desde el Estado. El país prospera notablemente. La postguerra mundial le da un buen impulso.

Lo sucede Carlos Prío Socarrás (1948-1952), líder estudiantil y luego abogado a principios de los años treinta, quien encarna perfectamente la figura del político socialdemócrata de mediados del siglo XX. Sus iguales son el costarricense Figueres, el venezolano Betancourt, el guatemalteco Juan José Arévalo, o el puertorriqueño Muñoz Marín. Su administración es mejor que la de Grau, pero no puede frenar la corrupción ni la violencia política, aunque consigue una cierta disminución de ambas lacras. En 1952, poco antes de las elecciones, Batista da un golpe militar por el procedimiento de entrar de madrugada en el mayor cuartel del país y sublevar a la guarnición. Naturalmente, hay otros complotados en el Estado Mayor y en la policía. Pero lo notable es la indiferencia de la mayor parte de la ciudadanía ante el golpe cuartelero. ¿Por qué esa actitud? ¿Por qué no se muestra un mayor compromiso con las instituciones democráticas? Sin duda, porque tantas décadas de violaciones de la ley, de corrupción y de frustraciones habían separado emocionalmente a los cubanos del Estado en el que convivían como ciudadanos. Para una parte sustancial de la población "la política" era algo sucio, a veces sangriento, que ocurría en una esfera a la que las personas decentes no debían acceder.

La república comunista

Derrotado Batista, en 1959 entra Fidel Castro triunfante en La Habana. Trae el propósito oculto de convertir al país en un estado comunista, pero eso no lo dirá con toda claridad hasta el 15 de abril de 1961, víspera de la invasión de Playa Girón. Esa decisión conlleva una concepción ideológica, un método de gobierno y una lectura de la historia. La ideología, ya se sabe, es la marxista, el método para implantar el modelo de Estado es el leninismo, y la lectura de la historia es muy sencilla: entre 1902 y 1959, afirman, no hubo una verdadera república, sino una seudo republica "mediatizada" por la injerencia norteamericana en el campo político y en el económico.

Esto último es muy revelador, porque los males que Castro y su grupo detectan en el país no son las violaciones de la ley, la violencia institucional, el patrimonialismo, el clientelismo o el caudillismo continuista, verdaderos azotes de la república y origen de enormes descalabros, sino la dependencia que la nación tenía de los Estados Unidos, algo bastante notorio entre 1902 y 1933, pero poco perceptible tras la eliminación de la Enmienda Platt en 1934. Fidel Castro y sus acólitos, en general gente bastante ignorante, no fueron capaces de darse cuenta de que la injerencia norteamericana, aun cuando violara la soberanía cubana, violentara normas del derecho internacional y resultara humillante para la administración de turno, estuvo encaminada a tratar de imponer el orden y el buen gobierno y a pacificar a los cubanos cuando las pasiones se convertían en insurrecciones armadas.

Pero mucho menos advirtieron que los Estados Unidos jamás lograron implantar su voluntad en la pequeña isla vecina. Las intenciones anexionistas de algunos políticos del entorno de Mc Kinley fracasaron inmediatamente que se inauguró la república. No pudieron apoderarse de Isla de Pinos y en 1925 se vieron obligados a admitir la soberanía cubana sobre este territorio. Fueron incapaces de organizar la transmisión legal de la autoridad de una manera aceptable tras la caída de Machado. El 1952 no pudieron evitar el golpe contra Prío ni en 1959 la llegada de Castro al poder. Luego fracasaron en todos los intentos de liquidar el castrismo. Es evidente: a lo largo de la accidentada relación entre los dos países, Washington jamás ha cumplido un solo objetivo político o diplomático con relación a la Isla de Cuba, salvo, quizás, la tenencia de una obsoleta base militar en Guantánamo que ha terminado por desempeñar el extraño destino de ser cárcel de balseros y talibanes.

Lo curioso de la *república comunista* es que, lejos de liquidar los vicios y los comportamientos nocivos de las dos anteriores etapas, lo que ha hecho es potenciarlos a su máxima expresión. Nunca antes el caudillismo continuista ha sido tan prolongado y enfermizo como cuando lo ha ejercido Fidel Castro. El pueblo cubano durante más de cuarenta y tres años ha sufrido la misma voz de mando de un mesías "insustituible" que acapara la jefatura de todas las instituciones, acepta el ridículo nombre de "Máximo líder", y todo el país, resignado, espera su muerte con impaciencia, pues existe el generalizado consenso de que, mientras viva, seguirá mandando, como hasta ahora, arbitraria, disparatadamente, y sin ningún tipo de freno que lo contenga.

Nunca antes la violencia institucional y el terrorismo de Estado han sido empleados contra la sociedad como durante la *república comunista*. Miles de fusilados y decenas de miles de presas y presos políticos son testigos de esta aseveración. Machado, que organizó a sus turbas y contó con *porristas* para atropellar a sus opositores, cometió estas villanías a una escala ridícula si se compara con el funcionamiento atroz de los "actos de repudio" y de las *Brigadas de respuesta rápida*. Pero hay también una diferencia cualitativa que matiza el uso del terror castrista cuando se contrasta con etapas anteriores: nunca antes, como ha ocurrido durante el castrismo, la violencia contra los enemigos políticos ha sido llevada al seno de las familias, con órdenes expresas de retirarles el saludo a hermanos, padres o hijos que manifestaran su inconformidad con la revolución o el simple deseo de marcharse del país. Esa sí es una triste innovación traída por Castro a nuestro reñidero tradicional.

Cierta intolerancia frente al adversario, que fue un mal difuso pero desgraciadamente presente en la historia anterior a 1959, en la *república comunista* ha alcanzado los niveles de una verdadera sicopatía nacional. Adversario, para el castrismo, ha sido todo aquel que escapaba de los estrechos límites señalados por el arquetipo revolucionario: los practicantes de alguna religión, los enamorados del *rock*, los lectores de libros heterodoxos, los homosexuales, los que querían tener el cabello de largo poco habitual o utilizar ropas escasamente convencionales. Y frente a estas personas "diferentes" el castrismo ha utilizado amenazas, campos de concentración, ostracismo, golpizas y los ha condenado al desempleo y la marginación.

Por otra parte, la degradación del sistema electoral y del poder judicial, mal endémico en la etapa precastrista, ha llegado a su más bajo nivel durante la *república comunista*. Si antes, a veces, en algunos lugares, se vulneraban los resultados electorales para favorecer al candidato oficial, ahora el gobierno tiene todos los controles en las manos para impedir que ningún opositor siquiera pueda postularse para un cargo público. Simultáneamente, no hay ya en Cuba un poder judicial mínimamente independiente que le sirva de contrapeso a los otros poderes, fundamento institucional de la estructura republicana. Por el contrario: el poder judicial se ha convertido en una mera correa de transmisión del sistema de castigos ordenados desde la cúpula que ejerce el poder político.

Y si uno de los peores vicios del pasado fue el patrimonialismo y su contraparte, el *clientelismo*, esa corruptora utilización de los recursos de la nación para favorecer a los familiares y adeptos —falta que se les adjudicó a Zayas y a Prío muy especialmente—, con la *república comunista* este comportamiento se ha convertido en una norma descaradamente exhibida. Los niveles altos y medios de la estructura burocrática son propiedad de "el Partido" —sólo hay uno—, que

Las tres repúblicas de Cuba y el hilo que las une

es el organismo que asigna los puestos de trabajo con arreglo, claro, al "nivel de integración". "La universidad —ha dicho Fidel Castro mil veces— es sólo para los revolucionarios". Y también les ha dicho a los intelectuales que "fuera de la revolución, nada", lo que quiere decir que quien desee expresar opiniones verbalmente o por escrito deberá ajustarse al guión dictado por el Partido.

Fidel Castro ha designado a Raúl como heredero, su cuñada Vilma Espín hace cuarenta años que maneja la Federación de Mujeres Cubanas, y su sobrino político Marcos Portal es el Ministro más influyente del gabinete. Por otra parte, una gran porción de la riqueza nacional está en manos de los altos jerarcas militares que manejan las empresas de las fuerzas armadas, mientras los ex oficiales retirados del Minint y del Minfar se han convertido en ejecutivos y apoderados del gobierno en las empresas mixtas del "área dólar" formadas con extranjeros. Si hay un gobierno, en fin, que ha entendido que los recursos de Cuba son un botín para disfrute de la clase dirigente y de sus adeptos —casi la idea platónica de la corrupción— es el que los cubanos han padecido durante la *republica comunista*.

Nota final
Es obvio, pues, que en el siglo trascurrido las tres etapas de la república cubana están unidas por un triste hilo conductor de vicios y defectos que culmina en el castrismo. La *república comunista*, lejos de cambiar los comportamientos que perjudicaron las etapas anteriores, lo que hizo fue potenciarlos hasta el infinito. Pero eso deja en el aire una pregunta singularmente agónica: ¿están los cubanos condenados para siempre a no poder vivir en una república pacífica, eficiente, justa y próspera? Por supuesto que no. El establecimiento de una república democrática sostenida por un Estado de Derecho, como se ha referido en este libro, conlleva casi siempre un doloroso proceso de aprendizaje. Los portugueses establecieron la suya en 1910 y hasta 64 años más tarde no comenzó a funcionar adecuadamente. En menos de un siglo

Cuba: Un siglo de doloroso aprendizaje

los españoles fracasaron dos veces en el intento de crear una república, y vivieron cuatro décadas de franquismo antes de estrenar una monarquía democrática. Alemania e Italia, dos democracias que hoy nos admiran, parieron nada menos que el nazismo y el fascismo antes de tener el tipo de Estado que hoy disfrutan. Parece que los pueblos, como las personas, aprenden de la experiencia. Es posible que los cubanos ya sepamos qué es lo que hay que hacer y qué es lo que hay que evitar para echar las bases de una república en la que valga la pena criar una familia. Ojalá así sea.

1898-1998
Carta a todos los cubanos
Cuba: La situación actual, los desenlaces posibles y la estrategia adecuada[*]

Castro, aparentemente, está muy enfermo. La economía de Cuba continúa hundiéndose. El Papa pasó por la Isla y allí dejó sembrada una esperanza de cambio. En Estados Unidos muchas fuerzas políticas se replantean la estrategia del embargo. Se sabe que el régimen vive su última etapa. Y ante todo esto, la *Unión Liberal Cubana* se propone hacer una seria evaluación dirigida a todos los cubanos.

Varias fechas recientes despertaron inútilmente las esperanzas de los cubanos. En octubre pasado la convocatoria al Quinto Congreso del Partido Comunista dejó abierta por un breve periodo la puerta al cambio político. Se rumoraba que, al fin, el gobierno rectificaría sus errores y comenzaría una suerte de transición. Pero no ocurrió nada de esto. Por el contrario, "unánimemente", como siempre suceden las cosas en la Cuba de Castro, se aprobó un documento en el que se ratificaba la línea estalinista más dura, pero ahora trenzada con una confusa interpretación histórica.

En las elecciones de enero del '98 volvió a suceder el mismo fenómeno. *Sotto vocce,* circuló la "noticia" de que

---

[*] Conferencia pronunciada en la Universidad de Miami, North-South Center, el 28 de marzo de 1998. La Unión Liberal Cubana y el Partido Liberal Democrático de Cuba, presidido por Oswaldo Alfonso Valdés y por Leonel Morejón Almagro, suscribieron el texto conjuntamente.

permitirían la presentación de algunas candidaturas independientes. Oswaldo Payá y una docena de los miembros de su ilegal organización —no los dejan inscribirse, pese a que actúan dentro de las reglas del gobierno— intentaron participar, pero fueron olímpicamente ignorados. Y las elecciones, naturalmente, produjeron los resultados previstos: los 601 un candidatos únicos seleccionados por el "aparato" fueron electos por el 98 por ciento de los sufragios, mientras los voceros del gobierno no dejaban de repetir que Cuba era el país más democrático del mundo.

A los pocos días de ese mismo mes de enero llegó el Papa y por cuatro inolvidables jornadas se levantó parcialmente la veda totalitaria. Muchos pensaban que ése era el principio del cambio, pues Su Santidad había solicitado una amnistía. Otra frustración: unos cuantos presos fueron puestos en la calle o depositados en el aeropuerto, pero nada fundamental cambió en el país.

En febrero la ilusión desvanecida tuvo que ver con el propio Castro. La novísima Asamblea del Poder Popular se reuniría el 24 para elegir al Presidente del país y a los miembros del Consejo de Estado, el órgano decisorio supuestamente más poderoso, y muchos creyeron que un Castro gravemente enfermo comenzaría el inevitable cambio cediéndole su lugar a alguien —por ejemplo— como Ricardo Alarcón. Falso: Castro retomó absolutamente todas las posiciones clave y, además, desplazó del Consejo de Estado a algunos diputados a los que se les suponían actitudes reformistas.

Pero nada de esto podrá impedir que Cuba retome el camino de la democracia y de la libertad económica. Parafraseando a Lincoln, se puede aherrojar a algunos todo el tiempo y a todos algún tiempo, pero no es posible aherrojar a todos todo el tiempo.

En el verano pasado cuatro compatriotas ilustres —Vladimiro Roca, Marta Beatriz Roque Cabello, Félix Bonne Carcasses y René Gómez Manzano— escribieron un bien razonado documento al que titularon "La patria es de todos". Por ese simple hecho fueron detenidos y ni siquiera la clemencia solicitada por Juan Pablo II conmovió a Castro. Siguen presos. A ellos dedica la *Unión Liberal Cubana* los papeles que siguen. Merecen honor.

Un poco de historia
Hace un siglo, tras el abrupto final de la guerra de independencia, precipitado por la intervención de Estados Unidos, los cubanos comenzamos una etapa diferente de nuestra historia, al fin alejados de la tutela española. Aquel año, terminada la batalla, el panorama nacional resultaba bastante desolador: miles de viudas ojerosas y extremadamente delgadas vestían de negro y deambulaban por los pueblos y caseríos buscando algo de comer para ellas mismas y para sus hijos. En las veredas, a la espera de sepultura, se apilaban numerosos cadáveres. Los hospitales estaban llenos de enfermos de paludismo y disentería. El comercio y la industria habían disminuido sustancialmente, arrastrando en su caída el nivel de vida de la que fuera una de las sociedades más ricas de Occidente en la segunda mitad del siglo XIX, aunque bien es cierto que, en gran medida, esa prosperidad se debía al poderío azucarero sustentado por la esclavitud de los negros. Cerca de un diez por ciento de la población cubana había tenido que marcharse al exilio —un porcentaje similar había muerto dentro de la Isla por causa de la guerra—, y ello había bastado para que sus propiedades hubiesen resultado confiscadas y luego asignadas mediante procedimientos judiciales inescrupulosos a nuevos propietarios, casi siempre españoles y cubanos adictos a España. Nunca, por cierto, los legítimos dueños pudieron recuperar lo que el gobierno colonial les había expropiado poco antes del fin de la guerra.

Pero no todo resultaba triste y desesperanzador. Curiosamente, cuentan las crónicas de la época, dos actitudes parecían prevalecer entre los criollos de aquel fin de siglo: la certeza de que se iniciaba una nueva y prometedora etapa, y la convicción de que la nación contaba con los recursos humanos y el entusiasmo necesarios para emprender con éxito la nueva andadura. Un dato basta para probarlo: en poquísimo tiempo, cien mil cubanos —entonces Cuba apenas tenía un millón trescientos mil habitantes— avecindados en Estados Unidos, muchos de ellos profesionales y comerciantes triunfadores en el país de adopción, regresaron a la patria de origen. Fue entonces cuando algunos la pisaron por primera vez, pues eran los hijos de los desterrados. Se trataba de jóvenes nacidos en el exilio durante la larga Guerra de los Diez Años (1868-1878).

A un siglo de aquellos hechos, la historia se repite parcialmente: el país padece toda clase de penurias materiales, no ya como consecuencia de una guerra cruenta, sino de resultas de las ineficiencias propias del sistema marxista, lateralmente agravadas por el embargo norteamericano, y los cubanos intuyen que se avecina un cambio total en el signo del modelo económico y político que les ha sido impuesto. No hay nadie, prácticamente, que piense que por mucho tiempo más continuará imperando un modelo de economía estatal planificado por la burocracia gubernamental, sujeto a los caprichos administrativos de un régimen de partido único. Todos —o casi todos— coinciden en que la era comunista de Cuba llega a su fin, y que tal cosa se hará evidente y se acelerará en el momento en que desaparezca Fidel Castro, hoy probablemente enfermo, o, en todo caso, bastante anciano. Pero, al contrario de lo que acontecía hace cien años, en la sociedad cubana de nuestros días no se advierten signos de entusiasmo sino de desgana, incredulidad y desconfianza. Es lo que suele ocurrir cuando varias generaciones sucesivas experimentan diversas formas crecientes de frustración. Las personas acaban por asumir de una manera casi instintiva la expectativa del fracaso. No se trata de una forma patológica de pesimismo, sino de la respuesta natural a las experiencias vividas. Temerle al futuro, aunque se deteste el presente, es la reacción dolorosa pero incontrolable de quien ha aprendido que mañana siempre es peor que hoy. Sería un crimen no ponerle fin a este penoso círculo de horror y desaliento que embarga a los cubanos, y especialmente a los más jóvenes e intelectualmente débiles, pues la nación —como señalara Ortega y Gasset— presupone y exige la existencia de un ilusionado proyecto de vida en común. Si falta la esperanza en un mejor destino colectivo, falta todo.

Las premisas
Establezcamos, de inicio, varias premisas clave, para poder construir luego una propuesta coherente:

La inevitabilidad del cambio
Admitamos que Cuba ni puede ni debe seguir siendo la excepción totalitaria en Occidente. Carece de sentido que Cuba —un país latinoamericano situado en la encrucijada del Hemisferio— reclame un destino excéntrico, esencialmente basado en el fallido modelo soviético, diferente al de su entorno cultural, especialmente cuando la tendencia planetaria inclina a la homogeneidad política en el sentido de la democracia y en el de la economía de mercado cuando se trata de las transacciones comerciales. Esa unificadora fuerza centrípeta forma parte del concepto de "aldea global" y resulta absurdo intentar escapar de su influjo. Insistir, como ha hecho Castro después de las elecciones de enero de 1998, que "mientras haya cubanos habrá socialismo", es condenar a nuestro pueblo al anacronismo y al error, o —algo aún más grave— es convertirlo en la indefensa cobaya de un experimento histórico que no tiene otra perspectiva que el creciente atraso y pobreza relativos de los cubanos.

Por consiguiente, reivindicar en nombre de una supuesta expresión de la soberanía el "derecho" de los cubanos a organizar la convivencia ciudadana de acuerdo con el paradigna totalitario diseñado por Lenin y "perfeccionado" por Stalin es, por una punta, un sofisma —un partido excluyente, como el de los comunistas, jamás puede expresar la voluntad soberana de la totalidad de una sociedad—, y, por la otra, una forma de voluntaria marginación de todos los mecanismos de concertación internacional. Hoy, para formar parte de la OEA, del Grupo de Río, del Mercosur o del TLC, o para poder reclamar ayuda urgente y sustancial de las instituciones financieras internacionales, hay que exhibir formas democráticas de gobierno, con todo lo que eso implica de pluralismo y respeto por los derechos humanos y políticos, así como economías abiertas en las que prevalezcan las actividades comerciales privadas realizadas por la sociedad civil, pues carece de racionalidad pedirles a las demás naciones que nos faciliten recursos duramente ganados para sostener artificialmente modelos económicos totalmente ineficientes. Fuera de la "aldea global" sólo quedan la pobreza y la marginalidad. Pero dentro existe la posibilidad de alcanzar el desarrollo.

Por otra parte, la exitosa y entusiasta visita del Papa a Cuba a fines de enero de 1998, y las consignas coreadas con emoción por cientos de miles de gargantas —"el Papa, libre/nos quiere a todos libres", o "no tenemos miedo"—, consignas a las que, lógicamente, no se sumaron los comunistas invitados a las plazas por Castro, demuestra la falsedad del pretendido respaldo que el gobierno dice tener de los cubanos y, por consiguiente, la escasa legitimidad de un sistema electoral en el que el 99% de la población vota por la lista única de candidatos oficiales.

Nadie en el mundo toma en serio esas elecciones. Los cubanos acuden a votar dócilmente donde les indican que lo hagan —como ocurría en Bulgaria, Rumanía o Albania— por no arriesgarse a un enfrentamiento con un estado tan poderoso que puede privarlos de la libertad, de la fuente de trabajo y hasta de los alimentos, si se comprueba el rechazo que secretamente sienten por un gobierno y un sistema que los mantiene en la miseria y la opresión. De donde se deduce que, como sucedió en el resto de los países comunistas, en el momento en que les sea dado optar otras formas más racionales de organizar la convivencia, seguramente elegirán la libertad política y la económica, pues, según todos los síntomas, los cubanos no son diferentes a las demás criaturas del planeta. Aspiran a vivir mejor, y, si les es dable, rechazan lo que les perjudica.

La conveniencia del cambio.
Al margen de su carácter inevitable, el cambio de modelo político y económico es también muy conveniente para los cubanos. La llegada de la democracia significará el alivio de las tensiones que padece nuestra sociedad, tras la excarcelación de sus innumerables presos políticos y la desaparición del triste espectáculo —inédito en la historia de Cuba hasta la aparición del comunismo— de los balseros que huyen del desastre aún a riesgo de perder la vida. El cambio traerá la disminución de las enormes y costosísimas fuerzas policiacas dedicadas a la represión y el fin de las periódicas condenas internacionales por la violación de los derechos humanos, terminando de una vez el conflicto con Estados Unidos, lo que desbloqueará inmediatamente el acceso a los créditos bancarios, a los grandes capitales internacionales destinados a la inversión en infraestructura y al enorme y cercano mercado norteamericano. Asimismo, desaparecerá ese "muro" de agua que hoy cruelmente separa a dos millones de cubanos radicados en Estados Unidos y en otras partes del mundo de sus once millones de familiares situados en la Isla.

Asimismo, si hay algo que resulta obvio para cualquier observador medianamente informado, es que no se trata de una casualidad ni encierra misterio alguno que las veinte naciones más prósperas del planeta sean democracias en las que la economía se rige por la existencia de propiedad privada y por normas de mercado. Una cosa es consecuencia de la otra. La prosperidad es el resultado de la expansión de las libertades, no de su limitación. En el momento en que Cuba haga esas necesarias transformaciones, los capitales comenzarán a fluir hacia la Isla y la recuperación del país podría ser sorprendentemente rápida, dada la excelente formación técnica y profesional alcanzada por una buena parte de la población tras el intenso esfuerzo educativo del gobierno revolucionario. Esfuerzo que, lejos de verificar los aciertos de la revolución, confirman el desastre del sistema, pues si una sociedad con semejante capital humano —excelente, como demuestran los cubanos cada vez que se trasladan al exterior— no sólo no consigue despegar, sino cada vez se hunde más, este extraño fenómeno sólo puede explicarse por la incapacidad intrínseca del modelo impuesto. Ni fallan los cubanos ni el culpable es el gringo. Falla el sistema.

En efecto, si algo hemos aprendido en el último medio siglo, es la forma de acelerar el desarrollo de los pueblos mediante la utilización inteligente de normas adecuadas de gobierno. Un país como Chile, que en 1959 tenía una población y una economía más o menos equivalentes a las de Cuba, como consecuencia de haber apostado, primero, por las libertades económicas, y luego, afortunadamente, por las políticas —unas no pueden sostenerse sin las otras demasiado tiempo—, hoy exhibe un percápita ocho veces mayor que el de la Isla, crece desde hace más de una década al ritmo de más del siete por ciento, mientras año tras año se reducen los índices de pobreza. En 1991 el 44% de los chilenos era calificado como "pobre"; en 1998 ese porcentaje ha disminuido hasta el 22. En otra década de expansión, la opción por la libertad económica y política asumida por los chilenos convertirá a ese país en una nación del Primer Mundo, y la franja de pobreza extrema estará por debajo del 10% y podrá gozar del auxilio generoso del 90% restante.

Otro ejemplo: en 1959 Cuba y Singapur tenían per cápitas parecidos, pero la potencialidad de desarrollo era mucho mayor en Cuba que en el pequeñísimo enclave asiático. No obstante, sin que nadie tratara de impedirlo, en 1998 los singapurenses poseen dieciocho veces el percápita de los cubanos, han erradicado totalmente la pobreza extrema, y gozan de un alto nivel de desarrollo basado en la ciencia y la tecnología. Es una falsedad afirmar que si Cuba toma el camino de la democracia y la economía de mercado le aguarda "un destino haitiano". Ningún poder económico le impone a país alguno la pobreza. Sucede a la inversa: lo que la historia contemporánea demuestra, es que las naciones integradas en la economía mundial, cuando tienen problemas, lejos de sufrir el acoso imperial de las grandes potencias o el saqueo de sus despojos, reciben el inmediato auxilio de los poderosos, como se puede comprobar en los recientes casos de México y Corea.

Sencillamente, ni es verdad ni se compadece con los hechos lo que el gobierno cubano sostiene sobre la inevitabilidad del subdesarrollo en los pueblos del Tercer Mundo que adoptan la economía de mercado, cruel destino resultado del malvado designio de los países más prósperos. A fines del siglo XX, salvo los ideólogos más delirantes y anticuados, ninguna persona informada cree que algún pueblo puede beneficiarse de la miseria de su vecino. Por el contrario, los economistas intelectualmente solventes saben que lo que conviene es que nuestro vecino sea poderoso para poder realizar con él la mayor cantidad posible de transacciones mutuamente satisfactorias, pues es en el comercio intenso donde los pueblos consiguen enriquecerse. El "milagro chileno", por lo tanto, es perfectamente repetible en Cuba. Pero si los cubanos continúan padeciendo una dictadura comunista empeñada en el partido único, en la producción planificada y en la propiedad estatal, sólo pueden esperar unas crecientes cotas de miseria, atraso y aislamiento cultural y científico. Ahí sí no tenemos otro futuro que la creciente haitianización del país.

Tampoco parece muy sensato utilizar el argumento del *igualitarismo* para defender el ineficiente modelo económico cubano, enarbolando la coartada ética de que "es más justa una sociedad en la que todos tengan un poco" que otra en la que las diferencias sean extremas. Nadie niega que en las democracias liberales regidas por economías de mercado se dan, en efecto, grandes diferencias entre los que mucho tienen y los que, a veces, nada poseen, pero no resulta menos cierto que en estos países donde hay desigualdades también existen unos enormes niveles sociales medios que, en algunos casos, alcanzan al 90% del censo. Y esas clases medias viven infinitamente mejor que lo que pueden soñar los cubanos o cualquier pueblo sometido a la supersticiosa búsqueda del igualitarismo. Dato que es muy fácil comprobar

1898-1998 Carta a todos los cubanos

con sólo observar la composición social del turismo europeo o canadiense que visita a Cuba: obreros, funcionarios, trabajadores, asalariados todos en un sistema en el que, es cierto, hay grandes millonarios, pero en el que también se genera una gran cantidad de riqueza que repercute en las condiciones de vida de quienes dependen de su trabajo y de un sueldo medio para subsistir. Un sueldo que hasta alcanza para recorrer seis mil kilómetros con el objeto de pasar quince días de vacaciones en el Caribe y durante ese periodo vivir de una cierta y grata manera que le está vedada a casi toda la población de Cuba, como pueden comprobar los cubanos con el tipo habitual de turista que llega a nuestra Isla: fundamentalmente trabajadores y asalariados.

Hace varios años, uno de los reformadores chinos, con el objeto de criticar el pasado colectivista e igualitarista de su país —aquellos años de la hambruna, la miseria y las "revoluciones culturales"— con la habilidad tradicional de los chinos para los apotegmas, explicó el cambio de rumbo con la siguiente frase: "antes, para evitar que unos cuantos chinos anduvieran en *Rolls-Royce*, condenamos a toda la población a desplazarse a pie o en bicicleta"; lección que deben aprender los comunistas cubanos, pues el igualitarismo, lejos de ser una bendición para los que nada tienen, es exactamente lo contrario: hunde a los pobres cada vez más en la miseria y les impide prosperar a todas aquellas personas con formación intelectual, virtudes personales y capacidad de trabajo que luchan por labrarse un mejor destino. ¿Se han dado cuenta los comunistas cubanos, defensores del igualitarismo, que Cuba es el único país del mundo en el que los ingenieros, médicos, abogados, profesores y hasta oficiales de las fuerzas armadas viven miserablemente? No hay duda de que la pobreza de las personas es un espectáculo triste, pero cuando quienes la sufren cuentan con los instrumentos necesarios para crear riqueza, cuando los que la padecen son víctimas de la injusta imposición de un disparatado modo de organizar la sociedad, entonces ese espectáculo se vuelve indignante. ¿Para eso ha hecho la revolución un notable es-

Cuba: Un siglo de doloroso aprendizaje

fuerzo en el campo educativo? ¿Para que los técnicos y profesionales vivan como indigentes? Se suponía que los "logros de la revolución en materia educativa" tenían como objetivo que, mediante la formación académica, las personas mejoraran su nivel de vida y no para contar ahora con legiones de profesionales que vivan como miserables.

En este aspecto, la terca insistencia de los comunistas cubanos en el igualitarismo parte de un antiguo y difundidísimo error intelectual surgido de un análisis de la economía basado en el mercantilismo: suponer que la economía consiste en la existencia de un número fijo de bienes que deben repartirse equitativamente. No entienden que el proceso de creación de riquezas es elástico, y que el hecho de que unas personas, por su imaginación, por su capacidad de trabajo, o hasta por la suerte, se enriquezcan más que otras, puede ser beneficioso para todos. Un ejemplo concreto y sonado: en los últimos veinte años, ante nuestros ojos, el norteamericano Bill Gates se ha convertido en el hombre más rico del planeta. No se conoce, sin embargo, a ningún compatriota suyo o a ningún extranjero que, debido a eso, hoy sea más pobre. Se sabe, en cambio, de cientos de miles de personas vinculadas a las empresas de Gates que devengan salarios más altos que el promedio nacional norteamericano.

Otro ejemplo, más cerca del drama cubano, quizás sea más fácil de entender: a principios de la década de los sesenta el ingeniero Roberto Goizueta se exilió en Estados Unidos y continuó trabajando en *Coca-Cola*. Cuando murió, en 1997, era el presidente de la compañía, y bajo su orientación el valor de las acciones de esa empresa, como señalara la prensa, había alcanzado un nivel más alto que el valor de toda la producción de Cuba bajo el gobierno comunista. Él mismo murió con una fortuna personal calculada en mil trescientos millones de dólares —el cubano más rico de todos los tiempos—, pero no hay nadie que pueda alegar que cuanto Goizueta hizo por enriquecer a los accionistas de su compañía ni por enriquecerse él mismo, fuera a costa de privar a alguien de sus bienes. Por el contrario: favoreció a decenas de miles de personas. Si los comunistas cubanos entendieran que la economía no es una operación de suma-cero, suponemos que abandonarían la búsqueda de ese nefasto igualitarismo que tan cruelmente ha empobrecido a los cubanos.

Un cambio en las relaciones con Estados Unidos.
No es razonable continuar percibiendo a Estados Unidos como una amenaza militar y como un enemigo de la voluntad soberana de los cubanos. Tampoco lo es mantener como eje o *leit motiv* de la sociedad cubana el enfrentamiento con un vecino que resulta ser la nación más poderosa de la tierra. A estas alturas del milenio que termina, y cuando ya se han desclasificado los papeles secretos del KGB, y se sabe que los vínculos entre Moscú y La Habana no fueron la consecuencia del previo enfrentamiento de Washington con Castro, sino exactamente lo opuesto, una calculada provocación (*One hell of a gamble,* Aleksander Fursenko y Timothy Naftalí, Norton, 1997) de Castro y de los rusos, es ridículo tratar de sostener el papel de víctima o seguir recurriendo a la metáfora del pequeño David frente a Goliat.

Eso —esa actitud— no constituye una "gesta heroica" sino una insensatez sin gloria a la que hay que ponerle fin. Además, esa inmadura conducta, ese belicoso espíritu de cruzada fundado en el error intelectual, forma parte de la Guerra Fría y de una manera muy antigua de entender las relaciones entre los dos países, anclada en una visión decimonónica de la historia. Los norteamericanos de 1998 nada tienen que ver con los de 1898 y ni siquiera con los de 1959. Los de hoy no son los del "Destino Manifiesto" ni los del "big stick", sino los del *Tratado de Libre Comercio,* una sociedad convencida de que la prosperidad de todos aumenta con la colaboración, no con la exclusión y la hostilidad.

Negar que las sociedades cambian y adoptan nuevos puntos de vista es negar el carácter dinámico de la historia y hasta el concepto marxista de la dialéctica. No existen apetencias anexionistas en la nación norteamericana de hoy, y el sentido común indica que Washington, por la cuenta que le

Cuba: Un siglo de doloroso aprendizaje

tiene, preocupado por la frontera migratoria del Estrecho de la Florida, de producirse un cambio en Cuba, hará lo que esté a su alcance para estabilizar la situación económica y política de un vecino situado a 90 millas de sus costas. Un vecino, por cierto, que en el pasado ya ha trasladado al veinte por ciento de su población adentro del territorio de la Unión, dato que se comprueba cuando sabemos que el millón de exiliados ha tenido un millón de hijos en el destierro.

¿Cómo se conjuga, entonces, el cambio de actitud de Estados Unidos y la desaparición de sus reflejos imperiales con el mantenimiento del "embargo" al gobierno de Castro? Obvio: tanto la llamada Ley Torricelli como la conocida Ley Helms-Burton, aprobada a regañadientes por Bill Clinton tras el derribo de unas avionetas norteamericanas de *Hermanos al Rescate* —piezas legislativas que perjudican, pues los excluyen, a los propios intereses económicos norteamericanos—, fueron dictadas por iniciativas y maniobras de parte de la oposición exiliada más que por impulsos autónomos de la propia clase política norteamericana. Ambas fueron aprobadas con desgana, sin convicción, y ambas contienen provisiones para su virtual derogación en caso de que se produzca la democratización de Cuba. Esas leyes no reflejan el talante actual de la sociedad o de la mayoría de los políticos norteamericanos, sino la voluntad anticastrista de una oposición cubana que ha visto en su capacidad de cabildeo en el parlamento norteamericano una forma legítima de luchar contra un adversario que le niega la posibilidad de hacer oposición pacífica dentro de Cuba, y contra el que a estas alturas de la historia nada puede ni debe intentar en el campo de la violencia.

Hasta ahora, y por casi cuarenta años, pero especialmente tras la desaparición de los subsidios que otorgaba la URSS, el gobierno cubano ha intentado infructuosamente que se derogue el embargo, pero sólo como resultado de una negociación directa entre la Habana y Washington, sin hacer ninguna concesión en el terreno de las libertades, y sin tomar en cuenta a la oposición interna y externa, ignorando que sus adversarios cubanos tienen cierta capacidad para obstaculizar o hacer fracasar sus maniobras. Por otra parte, Estados Unidos siempre puede parapetarse tras la historia para explicar su intransigencia frente a las múltiples críticas que provoca el embargo: ¿no censuraban a Washington por tener buenas relaciones con dictadores como Batista, Somoza o Stroessner? ¿No criticaban a los norteamericanos por su supuesta "complicidad" con las dictaduras, atribuyéndoles a estos vínculos la existencia misma de esos regímenes? No parece coherente condenar a Estados Unidos tanto porque boga como porque no boga.

Tampoco resulta muy convincente la extendidísima opinión de que "el fin del embargo supondría el fin de la dictadura cubana, pues dejaría a Castro sin argumentos para explicar los fracasos de la revolución." Es posible encontrar buenas razones para solicitar el fin del embargo norteamericano, pero nunca fundadas en las anteriores premisas. Sería el primer caso en la historia de un dictador que no encuentra alguna manera de explicar su dictadura. Por otra parte, los Somoza se mantuvieron cuarenta años en el poder sin que Estados Unidos tuviera embargo alguno sobre el comercio con Nicaragua. Paraguay padeció treinta y cinco años a Stroessner con buenas relaciones comerciales con todo el mundo. La dictadura de Franco se sostuvo pese al aislamiento decretado por Naciones Unidas tras el fin de la Segunda Guerra, y sin él, cuando Estados Unidos y Europa occidental decidieron reanudar las relaciones. Rumanía padecía la peor dictadura entre todos los países comunistas de Europa del Este, y llegó a tener, no obstante, trato de nación más favorecida por parte de Estados Unidos.

Independientemente de que el embargo norteamericano contra el gobierno de Castro pueda o no ser legítimamente calificado como una política errónea, lo que explica la permanencia de una dictadura en el poder no es con quién comercia o deja de comerciar, sino quién posee los mecanismos de hacer las reglas de juego, la fuerza de los cuerpos represivos que estrictamente vigilan su cumplimiento, y la información que se disemina. Y esos tres factores, en Cuba, están férreamente controlados por un caudillo que no permite la menor desviación en nada que parezca fundamental para el sostenimiento de su poder, aunque tenga que fusilar a su mejor general o reprimir a una buena parte de la población.

No obstante, no debe caerse en el razonamiento retorcido de quienes intentan establecer un *quid pro quo* entre el embargo norteamericano y los cambios hacia la democracia en Cuba. En primer término, porque si el gobierno cubano subordina el modelo de Estado propio a la política exterior de otra nación, está actuando de una manera más vil y entreguista que ningún gobierno en la historia del país; en segundo lugar, porque Castro nunca ha dicho ni sugerido que si los norteamericanos levantan el embargo va a proceder a impulsar la democratización de la Isla; y en tercero, porque son dos problemas absolutamente independientes. Es posible que el embargo norteamericano sea un sinsentido que afecta al conjunto de la población más que al propio gobierno cubano —algo que no se pensaba, por ejemplo, en el caso de Sudáfrica—, pero el fin de esa y de todas las dictaduras hay que solicitarlo sin condiciones, sólo por el carácter perverso que éstas poseen.

Los "logros" de la revolución.
Una tras otra las encuestas más solventes parecen demostrar que los cubanos valoran como algo positivo la educación y el sistema de salud pública que les brinda el gobierno, aunque todos reconocen el inmenso y progresivo deterioro en que se encuentran ambos servicios como resultado del raquítico PIB generado por el ineficaz aparato productivo del país. Obviamente, si no hay producción ni excedentes, no pueden brindarse servicios a la población, y tanto la educación como la salud son dos de los más costosos rubros con que tiene que enfrentarse cualquier sociedad moderna. De donde debe deducirse una conclusión inevitable: si los cubanos desean mantener unos programas de educación y de salud públicos y universales, sufragados por los presupuestos generales del

Estado y no directamente por los consumidores, inevitablemente deberán adoptar un sistema productivo capaz de crear la riqueza que esa obligación conlleva.

Lo que no es sensato —desparecido el millonario subsidio que otorgaban los soviéticos— es insistir en los torpes modos de producción comunistas y esperar de ellos el mantenimiento de los "logros" de la revolución. En la Unión Europea o en algunos países de América —Uruguay y Costa Rica son buenos ejemplos— en donde la salud y la educación públicas alcanzan a la totalidad de la población, este costoso sacrificio puede asumirse porque se produce lo suficiente. Y se produce lo suficiente porque imperan la democracia y la economía de mercado.

Dos últimas observaciones: primera, es conveniente revisar la política cubana en materia sanitaria. El hecho de que un pobre país como Cuba cuente con un médico por cada 195 personas no demuestra que la Isla es una potencia médica, sino que la asignación de recursos es totalmente disparatada. Dinamarca, que acaso cuenta con el mejor sistema sanitario público del mundo, puede brindar sus excelentes servicios con un médico por cada 450 personas. Si la proporción de médicos cubanos fuera como la danesa, tal vez el presupuesto sanitario alcanzaría para que no faltaran la anestesia, los antibióticos o los hilos de sutura. Segunda observación: los cubanos nada deben temer. En ninguna de las sociedades que han transitado del comunismo a la democracia se han desmontado los sistemas de salud o de educación. Por el contrario, tras la llegada de la libertad han mejorado notablemente, aunque sólo sea porque en casi todos los casos se ha procedido a descentralizar la administración y a despolitizar los mecanismos de toma de decisión.

El inexistente revanchismo.
Cuando se produzca el cambio, nadie debe temer esa apocalíptica visión de hordas de exiliados que regresan a vengar agravios particulares o a recuperar por la fuerza las propiedades confiscadas. Eso no ha sucedido en ningún país de los

que han abandonado el comunismo, y no sucederá en Cuba. Eso no está en el ánimo de los exiliados ni en el de los cubanos de la Isla (la inmensa mayoría de los propietarios de bienes muebles e inmuebles nunca abandonó Cuba). Por el contrario, los cubanos de la Isla se podrán beneficiar del capital acumulado por muchos de los exiliados; capital que llegará a Cuba en forma de inversiones, y de las relaciones que estas personas han establecido en los países en los que han sido acogidos durante tantos años. Esos vínculos repercutirán de manera muy conveniente para todos los cubanos tan pronto como Cuba se abra al comercio internacional y a los naturales de nuestro país no les esté vedado poseer propiedades. Como en todos los países que abandonaron el comunismo, habrá, eso sí, que arbitrar formas de compensación para quienes han sido víctimas de ilegales confiscaciones, y será importante encontrar fórmulas flexibles de compaginar la justicia con las posibilidades materiales de la nación, pero sin que la solución de este inevitable conflicto paralice las rápidas trasformaciones que el país necesita. En todo caso, prácticamente todos los exiliados que tienen peso político están de acuerdo en que la vivienda debe mantenerse en las manos de quienes hoy las habitan. Afortunadamente la experiencia acumulada en lo que fuera Europa del Este tras casi una década de postcomunismo nos permitirá evitar errores que otros cometieron e imitar aciertos que vale la pena emular.

Los actores del cambio
Establecidas estas premisas, conviene ahora identificar las instituciones que, de una u otra manera, por acción o por omisión, deberán participar en el cambio para que éste pueda llevarse a cabo:

Las Fuerzas Armadas y el Ministerio del Interior
En diversas oportunidades, siempre en privado, Fidel Castro y algunos de sus militares de alta graduación, han expresado

la siguiente obscenidad política, a medio camino entre un lamentable matonismo y una idea "patrimonialista" de la nación cubana, como si la revolución del 59 les hubiera granjeado el derecho a un permanente e inagotable botín de guerra: "a los que piden cambios les decimos que nosotros tomamos el poder por la fuerza, y si ellos ahora quieren quitárnoslo, que recurran a la fuerza, que nos lo arrebaten a tiros, tal y como nosotros lo conquistamos." Triste aseveración para quienes se reclaman patriotas, discípulos de Martí y revolucionarios al servicio del pueblo cubano.

Una de las grandes diferencias entre Cuba y los desaparecidos "países del Este" es la institución donde realmente radica el poder. En la URSS y en los satélites europeos el poder estaba en el Partido Comunista. En Cuba, dictadura caudillista ante todo, en primer término, está en las manos de Fidel Castro, por delegación en las de su hermano Raúl, y a partir de ahí en el aparato militar-policiaco del Minfar/Minint. Ese Minfar/Minint de manera creciente está presente en el sector económico —posee hoteles, fábricas, granjas, sembradíos—, y los jefes cercanos a Fidel y a Raúl además ocupan posiciones en la dirección del Partido Comunista y en la Asamblea Nacional del Poder Popular. Las personas clave de esta institución tal vez alcancen la cifra de doscientos oficiales, y la totalidad de los profesionales no pasa de varios millares.

La pregunta obvia es la siguiente: ¿por qué los militares cubanos, tras la hipotética desaparición de Fidel Castro como consecuencia de muerte natural, van a dar paso, voluntariamente, a un cambio de modelo político y económico en el que ellos perderían el poder que hoy detentan? ¿Qué "ganarían" ellos con este cambio? Para responder, habría que definir quiénes son los oficiales cubanos que se benefician extraordinariamente del sistema, pues la regla general es que la oficialidad cubana, de coroneles abajo —el 90% del "aparato"—, vive en condiciones de pobreza mayores que las de simples cabos o sargentos de cualquier ejército sudamericano. No obstante, el cambio no solamente sería propiciado por las ventajas materiales que esto les traería, sino porque la muerte de Castro acelerará la descomposición económica del régimen, privándolo de la legitimidad indiscutible que aportan los caudillos respaldados por el peso de la historia. En el momento en que Castro muera, la reacción internacional será de parálisis ante el periodo de incertidumbre que se abrirá en la nación. Nadie cree que el comunismo perdurará en la Isla como forma de gobierno, y en la comunidad económica internacional todos quedarán a la espera de ver qué sucede. Esa actitud multiplicará exponencialmente la crisis económica que experimenta el país y agravará notablemente las carencias y las carestías.

Queda, además, el componente moral. Se suponía, en un primer momento, allá por los años sesenta, que el aparato militar cubano fuera el escudo de la revolución contra sus enemigos internos y externos. Ese fue el discurso de los tiempos iniciales, y en él se le asignaba a los militares cubanos una función de defensivo patriotismo doméstico. Luego, en los setenta, ese aparato se convirtió en la punta de lanza de la revolución planetaria en el Tercer Mundo, y los cubanos acudieron a los morideros de Angola, Etiopía, y a otra larga docena de aventuras menores, a luchar "contra el imperialismo" y en favor de la causa socialista interpretada en clave soviética.

¿Cuál es ahora el rol que le depara la revolución a sus militares? ¿El de fuerza económica hegemónica para uso y disfrute del Estado Mayor en un país arruinado? ¿El de guardaespalda de la oligarquía que detente el poder político? Sin el apoyo soviético y con un raquítico aparato productivo como el que proporciona el comunismo, Cuba ni siquiera puede tener unas Fuerzas Armadas mínimamente complejas. La aviación cubana ha sido reducida a una treintena de aviones, la marina ha tenido que convertirse en chatarra, y las unidades blindadas y el grueso de la artillería del ejército de tierra poco a poco se van diezmando por la falta de piezas de repuesto o reposan en los túneles destruyéndose lentamente a la espera de una guerra contra Estados Unidos que probablemente nunca sucederá. ¿Cuál es el destino de ese aparato militar si se persiste en el derrotero comunista? ¿Devenir en algo así como los *tonton macutes* de lo que va quedando del castrismo para asegurarse de que los cubanos nunca podrán abandonar la miseria en la que viven?

Claro que el fin del comunismo en Cuba provocará un cambio en la institución militar, y es obvio que los militares deben sacar sus manos de la economía y dedicarse a cumplir la ley y a proteger a la nación de sus enemigos, pero estos adversarios ya no serán países extranjeros o sistemas políticos distintos, sino el narcotráfico, las mafias, la delincuencia, y los cubanos de irredimible vocación totalitaria que intenten vulnerar las leyes que libremente se dé la sociedad.

Existe, pues, un papel importantísimo para los militares del Minfar/Minint en una Cuba democrática, pues no hay que deshacer esas instituciones ni prescindir de sus cuadros cuando llegue el momento del cambio: lo que hay que hacer, como sucedió en España y en Chile, en Hungría o en la República Checa, es reorientar sus actividades, establecer unos objetivos acordes con la nueva dirección que tomará la república, y proporcionarles los medios para que desempeñen a cabalidad y con honor las nuevas funciones que el país les asigne, al tiempo que la sociedad les abona un salario digno, de acuerdo con el rango y la preparación que tengan. No parece justo o sensato que un simple soldado del ejército de México o de República Dominicana gane en un mes, convertido en dólares, lo mismo que un coronel cubano obtiene en un año de salario.

El Partido Comunista de Cuba
La dirigencia del PCC debe irse acostumbrando a la idea del fin del unipartidismo en Cuba. El documento aprobado en 1997 por el Quinto Congreso del PCC no contiene un solo razonamiento mínimamente respetable, pero el más risible es el que busca legitimar el unipartidismo en la propia historia del país, dada la evaporación del marxismoleninismo.

Fidel Castro —por ejemplo— ha fundado dos partidos —el "26 de julio" y el PCC—, y hasta ha militado en un tercero: el "Ortodoxo" de Eduardo Chibás, aquella formación pequeñoburguesa, tibiamente socialdemócrata, por la que aspiraba a congresista en 1952. La coartada de que Martí fundó sólo un partido y no dos o tres, no es un argumento que se pueda tomar en cuenta. Martí también escribió páginas muy entusiastas a favor de la democracia, la propiedad privada y el esfuerzo individual, o se manifestó claramente en contra del comunismo, y el PCC ignora esos textos paladinamente. Si la palabra de Martí fuera el dogma por el que se guía la revolución, y si se admite que los papeles de Martí dan vida al *corpus* ideológico por el que debe organizarse el estado cubano, entonces habría que abandonar inmediatamente los lineamientos marxistas. Lo que no es lógicamente concebible, lo que constituye una falta de respeto intelectual al pueblo cubano, es tomar de Martí dos párrafos y una anécdota personal y convertirlos en normas de permanente y obligado cumplimiento para toda la sociedad, como si *eso* fuera la esencia del pensamiento martiano, o como si una nación estuviera condenada a organizar su convivencia de acuerdo con unos criterios que festinadamente se le atribuyen a una persona que vivió cien años antes, por muy justamente venerada que sea esa persona.

La arbitrariedad de que "la revolución" es la continuación de la lucha de los mambises contra España y por la soberanía, no es más que buscar un burdo pretexto nacionalista para tratar de justificar la dictadura. La lucha de los mambises, muy dentro de su época, tenía como objetivo lograr el autogobierno y la creación de un Estado cubano independiente, y —como recordara frente al Papa en su ya famosa homilía el obispo de Santiago, don Pedro Meurice— entre aquellos mambises prevalecía un profundo sentimiento cristiano y de amor a la Virgen de la Caridad, patrona de Cuba. Esa —la visión mambisa— nada tiene que ver con la erección de una dictadura del o para el proletariado concebida dentro del modelo marxista de corte soviético. Por el contrario: si un modelo de estado tenían los mambises en la cabeza cuando se alzaron contra España, era el de la república norteamericana, con sus libertades civiles y su equilibrio de poderes, como inequívocamente se refleja en las muy liberales constituciones que redactaron en la manigua y en 1901.

La afirmación de que Cuba, en el pasado, ya experimentó sin éxito con el multipartidismo, tampoco se sostiene, y es algo que podrían haber dicho los suizos tras la sacudida de 1848, los franceses coetáneos de Napoleón III, los norteamericanos de la era de Lincoln, cuando republicanos y demócratas no pudieron evitar la Guerra Civil, o los españoles tras la muerte de Franco. La democracia es un sistema que permite la paulatina y pacífica corrección de los errores. El sistema democrático, *per se*, nunca es pernicioso. Los hombres que lo operan, en cambio, víctimas de las pasiones, pueden llegar a serlo. La democracia no es más que un sistema objetivo y perfeccionable de tomar decisiones colectivas sin recurrir a la violencia o al aplastamiento de las minorías. No garantiza la prosperidad o el éxito material sino los posibilita si se toman las decisiones adecuadas.

Además, no fue el multipartidismo lo que creó los problemas que ha padecido la República de Cuba, sino el militarismo, el autoritarismo, la ilegítima voluntad de permanecer en el poder, y la violación de las leyes por parte de "hombres fuertes" como Machado, Batista o el propio Castro. Es decir, lo que provocó la crisis institucional de Cuba a lo largo de la República fue el aplastamiento del multipartidismo por una fuerza que pretendía sacar del juego político o anular a todas las demás.

El multipartidismo sólo expresa el carácter plural de sociedades complejas en las que muchas personas tienen ideas diferentes e intereses diversos. Es una forma de darle cauce a la diversidad. Tampoco es verdad que las naciones en las que impera el multipartidismo haya un mayor nivel de corrupción, o que exista una relación entre el sistema de partidos y ese vicio condenable: de acuerdo con *Transparency*, el acreditadísimo organismo que "mide" en el mundo el grado de corrupción, Holanda, Suecia, Dinamarca, Finlandia, Israel, Estados Unidos, Canadá, Uruguay, Chile o Costa Rica son países en los que el sector público se comporta con arreglo a la decencia y en los que impera el multipartidismo. En Cuba no tiene que ocurrir de otro modo.

El unipartidismo, por otra parte, conduce al empobrecimiento moral y material. Donde los que gobiernan son los mismos que se autoevalúan, donde los que sacan las cuentas son los mismos que realizan la auditoría, no puede esperarse la rectificación de los errores, sino su ocultamiento y su reiteración. Cuando sólo hay una fuente de iniciativas, y éstas ni siquiera pueden contrastarse con otras opiniones, lo predecible es que se instale un ambiente de tosca mediocridad. Entre otras razones, eso es lo que explica la diferencia que en su momento se observaba entre las dos Alemanias o entre Austria y Checoslovaquia y Hungría, tres países que tuvieron equivalentes grados de desarrollo cuando compartían el Imperio Austro-Húngaro. Donde había pluripartidismo —Alemania occidental o Austria— las élites se renovaban, se rectificaban los errores, y la sociedad vibraba con dinamismo. Donde imperaba un partido monocorde —Alemania oriental, Hungría, Checoslovaquia—, se producía el estancamiento.

Más aún: ¿cuánto tiempo de continuados fracasos necesita el PCC para darse cuenta del creciente daño que le inflige a la sociedad cubana? Ya lleva casi cuarenta años en el ejercicio del poder. Es la más larga dictadura que ha conocido la cultura hispánica —Franco y Stroessner incluidos—, pero es la única que ha logrado dejar en peores condiciones materiales a la nación sojuzgada con relación al punto en que comenzó. Seguir insistiendo en las virtudes del partido único y del "centralismo democrático", a la luz de la experiencia cubana, no revela tenacidad ni sujeción a los principios, sino la terca adhesión al poder de una camarilla indiferente a los padecimientos morales y políticos de sus ciudadanos.

Incluso, un examen profundo de la manera en que se ha conducido el estado cubano en las últimas cuatro décadas revela que en ninguna de las decisiones importantes asumidas por el gobierno ni siquiera el Partido ha sido consultado: ¿consultaron al PC —o a los partidos y movimientos que entonces realizaban las funciones de formar gobierno— cuando Fidel y un ínfimo grupo de seguidores decidieron sovietizar la Isla? ¿Consultaron al partido cuando invitaron a los soviéticos a sembrarla de cohetes atómicos? ¿Consultaron al partido cuando le sugirieron a Kruschev que lanzara los cohetes sobre USA, pues siete millones de cubanos, al decir de Castro, estaban dispuestos a morir por la causa del socialismo? ¿Consultaron al partido cuando mandaron guerrillas a medio planeta y embarcaron al país en la guerra africana, durante quince años de inútil carnicería? ¿Consultaron al partido cuando se produjo la perestroika en la URSS y en Europa del Este? ¿Lo consultaron, siquiera, cuando se invitó al Papa? No puede haber la menor duda: el partido comunista no ha sido nunca la fuente de poder en Cuba. Ha sido la correa de trasmisión para que se llevaran a cabo los caprichos de Castro, y el organismo encargado de la poca edificante tarea de perseguir opositores, delatar disidentes e impedir que la sociedad se manifestara espontáneamente.

¿Cuál sería el destino de los comunistas cubanos en un país en el que se estableciera un régimen multipartidista? Posiblemente, el mismo de los comunistas europeos. Esa formación se rompería en dos fragmentos: uno mayoritario que derivaría hacia posiciones socialdemócratas, y en el que probablemente se sentirían muy gustosamente personas como Eusebio Leal, Carlos Lage, Ricardo Alarcón, Roberto Robaina, Alfredo Guevara, y otro de orientación estalinista, presumiblemente dirigido por comunistas "inasequibles al desaliento" del corte de José Machado Ventura o Raúl Valdés Vivó. Y si en Cuba se reproducen las tendencias que se observan en Europa, los comunistas reciclados como socialdemócratas, siempre que se comporten de acuerdo con las nuevas reglas de tolerancia y respeto por los derechos humanos, alcanzarán notables cuotas de poder, y quién sabe si hasta la mayoría, pues la historia política de Cuba, para bien y para mal, demuestra que las tendencias populistas —los viejos liberales de José Miguel Gómez, los auténticos de Ramón Grau, los ortodoxos de Eduardo Chibás, y hasta el "26 de julio" de los primeros tiempos— siempre han despertado el fervor de las masas cubanas.

Un partido de esa naturaleza, si fuera flexible, acaso tendría como aliados, o en su propio seno, otras fuentes, hoy en la oposición frontal, como las que en Cuba representa Elizardo Sánchez, en el exilio la Coordinadora Socialdemócrata fundada por el inolvidable Enrique Baloyra, o, a caballo entre Cuba y el exilio, figuras como Eloy Gutiérrez Menoyo y el exdirigente de la "ortodoxia" histórica, Max Lesnik. Es decir: para los socialdemócratas cubanos, sin duda alguna hay un amplio espacio político tras la desaparición del comunismo. Para la "línea dura", en cambio, aunque pueda y deba participar en la vida pública del país, lo predecible es que, en unas elecciones libres, no tendría más apoyo electoral que el que en el pasado la sociedad cubana le concedía al PSP: menos del cinco por ciento del censo de votantes. Lo que en ningún caso querría decir que por ello deberían estar expuestos a la represión o a la indignidad, pues la democracia y el Estado de Derecho garantizan que todas las personas son tratadas con respeto, siempre que se comporten con arreglo a la ley.

Tras la introducción del multipartidismo, si se logra mediante una fórmula sosegada, lo que veremos en Cuba, reflejo de cuanto acontece en el mundo, es la "globalización de la política", con familias ideológicas que comparten una común cosmovisión, reproduciéndose en la Isla las tendencias dominantes en todo el planeta: democristianos, liberales, socialdemócratas, conservadores, y un casi seguro pequeño núcleo duro de comunistas. De alguna manera, por lo menos en la oposición interna y externa, esas fuerzas ya existen en la sociedad cubana, como prueba la acosada vigencia dentro del país de líderes —por sólo mencionar unos pocos— como

103

Oswaldo Payá (socialcristiano), Osvaldo Alfonso Valdés, Leonel Morejón Almagro, Félix Bonne (liberales), Vladimiro Roca, Marta Beatriz Roque Cabello y Elizardo Sánchez (socialdemócratas), en cierta forma asociados o equivalentes a los grupos y partidos afines radicados en el exterior, organizaciones estas últimas ya vinculadas de pleno derecho a las Internacionales que hoy vertebran colegiadamente los esfuerzos de los partidos a ellas afiliados.

Por qué y cómo democratizar a Cuba
Tenemos, pues, perfectamente identificadas las premisas básicas del cambio y los actores que pueden llevarlo a cabo: ¿por que lo harían? ¿por qué, en su defecto, deberían hacerlo? Porque saben, o debieran saber, que, en rigor, no hay alternativa. Sin cambios, acaso pueden permanecer en el poder cierto periodo, corto o largo, pero sometidos a la enorme presión moral de la provisionalidad, percibiéndose como servidores de un régimen deshauciado y caduco; portadores de la amarga convicción de que jamás podrán sacar a Cuba de la miseria y la desesperanza, condenando con ello a las jóvenes generaciones, esto es, a sus propios hijos, a una vida sin más destino que tratar de marcharse de un país en el que lo único seguro es la infelicidad y la pobreza material y espiritual, porque ha desaparecido cualquier ilusión racional de alcanzar un destino personal mínimamente venturoso.

En 1991, cuando el Partido Comunista celebró su Cuarto Congreso, Fidel Castro explicó cómo sacaría al país del atolladero en que lo había colocado la desaparición del bloque del Este. La fórmula económica era sorprendentemente sencilla: el milagro sería realizado con una combinación de exportaciones de productos relacionados con la biotecnología, turismo masivo y "joint ventures" pactados con capitalistas extranjeros que se asociarían al estado cubano para explotar la buena, educada y dócil mano de obra de los trabajadores del país. A los dos años —prometió Castro— se habría resuelto el gravísimo problema de la alimentación del pueblo. El

Cuba: Un siglo de doloroso aprendizaje

mismo se pondría al frente del "plan alimentario" para lograr ese crucial objetivo.

Lo que sucedió, sin embargo, es de todos conocido: a los dos años, en 1993, Cuba vivía el peor momento de su historia, decenas de miles de cubanos eran víctimas de la desnutrición, y ochenta mil de ellos, además, padecieron una peligrosa intoxicación, nunca suficientemente explicada con claridad por el gobierno, que les provocó esa neuritis óptica y periférica que de manera permanente ha afectado a tantas personas, ninguna, por cierto, dirigente político de cierto rango o su familiar inmediato.

Tras el fracaso de los planes de 1991, aunque a regañadientes, llegaron las tibias reformas de 1993 y 1994: la despenalización de la tenencia de divisas, la conversión de las granjas estatales en cooperativas, la aparición de los trabajadores por cuenta propia, y, como consecuencia de esta minúscula "apertura", cierto alivio a la escasez para todo aquel que tuviera acceso a dólares. Demostración, aunque fuera embrionaria, de que cuando el Estado deja a la sociedad la iniciativa y el protagonismo de las actividades económicas, inmediatamente se produce un incremento en la creación de riquezas y en el bienestar de la población, aunque, en efecto, también se observen desniveles sociales.

Es posible que el gobierno, ensayando medidas capitalistas para "salvar el socialismo", como siempre se encarga de subrayar, se haya propuesto mostrar al mundo su decisión de "resistir", "resistir" y "resistir", pero la lección que se deriva de todo esto es diferente: en el terreno económico el camino de la solución de la crisis cubana pasa por la transmisión de los activos en poder del Estado a manos de la sociedad, y en el político, por ampliar los márgenes de participación, de manera que los comunistas dejen de ser los únicos intérpretes de la voluntad popular o los exclusivos detentadores de la imaginación y la creatividad.

Nadie en sus cabales duda que esto es algo que va a suceder tarde o temprano, pero no resulta tan claro cómo va a suceder. A examinar varios posibles escenarios van encaminados los epígrafes que siguen.

Castro inicia los cambios
El desenlace más procurado, el que, sin el menor éxito, han solicitado desde Fraga Iribarne hasta Felipe González, desde Adolfo Suárez hasta Miterrand, desde Menem hasta Gaviria; el que, en medio de los peores ataques y las mayores burlas han pedido, en todos los registros posibles, Gustavo Arcos, Oswaldo Payá, Elizardo Sánchez, la Plataforma Democrática Cubana, Gutiérrez Menoyo y otros prominentes miembros de la oposición interna y externa, es el menos traumático: consiste en que el propio Castro, acosado por la evidencia, se entregue al sentido común e inicie los cambios. ¿Cómo? Por ejemplo: reuniendo al Consejo de Estado o a la Asamblea Nacional del Poder Popular para proponer un referendo que libere a los prisioneros políticos, autorice el pluripartidismo, permita la libre emisión del pensamiento y se admita el regreso de los exiliados que deseen regresar a su país a visitarlo, a residir y —si lo desean— a participar en la vida pública del país.

Esta fórmula tendría para el poder la ventaja de la iniciativa. No se trata de un gobierno que actúa bajo la presión de sus adversarios, sino de unos gobernantes que voluntariamente rectifican el rumbo del país ante un cambio de circunstancias. Y no es la primera vez que algo así ocurre en América. En la década de los cincuenta, el político boliviano Paz Estenssoro hizo una revolución nacionalista, estatista y antimercado. En los ochenta, ante los inconvenientes resultados de algunas de aquellas medidas —la hiperinflación, la inestabilidad democrática, el militarismo—, propició un cambio radical de sentido opuesto. Otros dos casos notables: el panameño Ernesto Pérez Balladares fue una importante figura del populismo torrijista, pero hoy gobierna de una manera moderna, totalmente adaptado a la realidad internacional. El argentino Carlos Menem —por su parte— llegó al poder al frente del Partido Justicialista —una de las instituciones latinoamericanas más decididamente populistas—, pero no tardó en comenzar a gobernar en dirección opuesta. No son "traidores a las ideas". Son personas sensatas capaces de aprender de la experiencia.

En realidad, no existe ninguna razón metafísica que impida que Castro revoque las decisiones equivocadas que ha tomado en su vida y modifique el rumbo. Eso, precisamente, es lo que distingue a las personas inteligentes de las que no lo son, y eso es lo que secretamente han deseado muchos de los más íntimos colaboradores del "máximo líder": que el propio Castro encabece el cambio. No hay, saben perfectamente, mérito alguno en la obcecación.

Pero esa transformación no parece que vaya a suceder. Castro no está interesado en salvar el futuro de los cubanos, incluido el de sus partidarios. Lo único que le interesa es salvar su pasado. Mantener vivo el personaje histórico que ha cultivado durante tantos años; que no muera el héroe rebelde que jamás se rindió. No quiere pasar a la historia como el político hábil y flexible que entendió el signo de los tiempos, sino como el último soldado de la guerra fría, el último antiimperialista, el último comunista, el que no entregó la plaza al enemigo. Quiere que lo entierren con su régimen intacto, sin haber hecho una sola concesión a la realidad. Vive y morirá confundiendo los principios con la terquedad y el carácter con las rabietas voluntariosas. Es, lamentablemente, un autista político. Un caso perdido, como ya aceptan hasta sus más íntimos y desalentados colaboradores.

Fidel muere y Raúl inicia los cambios
Admitamos que Fidel muere en la cama y lo sucede —por lo menos de momento— su hermano Raúl. Quienes conocen a Raúl Castro saben que se trata de una persona totalmente diferente a su hermano. Es una persona mucho más sencilla, menos laberíntica, más cercana a la realidad. A principios de la década de los cincuenta, muy joven, era comunista, antiamericano y prosoviético. Fidel entonces era sólo un confuso revolucionario antiimperialista, inclinado a la violencia y a

los análisis extremistas, dotado de una personalidad extremadamente autoritaria. Fidel hizo la revolución. Probablemente Raúl, con la ayuda del Che, la inclinó definitivamente hacia la órbita soviética y desplazó al "Movimiento 26 de julio" de una posición programática más o menos socialdemócrata a otra francamente marxista.

Pero en aquellos tiempos no era tan difícil o inusual suscribir el ideario comunista. Entonces la URSS crecía al ritmo del 10% anual, y en 1957, cuando Fidel y su hermano estaban en la Sierra Maestra, Moscú colocaba en órbita el primer satélite. Tres años antes, en 1954, la CIA había propiciado el golpe militar que sacó del poder a Jacobo Arbenz. Para cualquier miembro del PSP la lección era clara: para consolidar una revolución radical, especialmente de corte comunista, había que conseguirle un guardaespaldas, y sólo existía una potencia en el planeta capaz de desempeñar esa tarea frente a la segura hostilidad de Estados Unidos. Había que colocar a Cuba bajo la advocación de los rusos. Eso, por lo menos, pensaba un comunista práctico.

Cuarenta años después esta misma lógica apunta en la dirección contraria. Para cualquiera con dos dedos de frente, capaz de leer los periódicos, no puede haber duda: el marxismo era un error intelectual que conducía al atraso relativo y a la creación de sociedades terriblemente represivas. La URSS, además, y el campo socialista, especialmente el de Occidente, el que cobijaba a Cuba, ya no existen. Se desplomaron bajo el peso de su ineficiencia y a causa de su fundamental desajuste con la naturaleza humana. Es verdad que Gorbachev, la perestroika y el pensamiento de Alexander Yakolev precipitaron la caída, pero la manera en que esto ocurrió puso de manifiesto la fragilidad del sistema y la endeblez de los dogmas que le daban sustentación. Un partido con veinte millones de supuestos afiliados fue disuelto por decreto y nadie derramó una lágrima o exhibió una pancarta. Era un cascarón vacío.

¿Es Raúl Castro, como afirman quienes lo conocen, una persona realista? Si esto es así, lo predecible es que al día siguiente de ser proclamado Presidente por el Consejo de Estado, cuarenta y ocho horas después de enterrar a su hermano, comience el proceso de cambios. ¿Cómo? Por ejemplo, a la manera española, de la misma forma con que en Madrid las Cortes se hicieron el *hara-kiri* con el objeto de liquidar al insostenible franquismo. Es decir, reformando la Constitución y las leyes para dar paso a un sistema democrático que poco a poco, elección tras elección, vaya cambiando el perfil del país hasta acomodarlo a los tiempos presentes.

¿Qué puede hacer Raúl si no toma este camino? Insistir en el modelo comunista es una locura en la que su hermano incurría basado en su indiscutible peso histórico, pero un mínimo sentido de la realidad le dejará en claro a Raúl que él ni remotamente tiene ese peso específico. Esto es lo que le sucedió a Adolfo Suárez cuando murió Franco. Suárez no era el Generalísimo ni había ganado la Guerra Civil. Había llegado a ser jefe político del "Movimiento" —el aparato político del franquismo— y no se le conocían inclinaciones democráticas. Pero era un *posibilista* inteligente y enseguida se dio cuenta de que para continuar el franquismo hubiera tenido que apelar a una dictadura militar administrada por los militares. ¿Es eso lo que va a hacer Raúl? ¿Repartirse el poder con los militares a la manera tradicional latinoamericana, pero con un modelo económico comunista? ¿Tal vez repartir las riquezas del país entre los militares y partidarios, a la manera sandinista, en medio de una desvergonzada "piñata"? ¿No es obvio que el aislamiento internacional será radical e inmediato si tal cosa sucede? ¿Cuánto tiempo cree, en ese caso, que tardará la hambruna en apoderarse del país? ¿Cuánto en que la división de los propios militares conduzca el país a la violencia? La fórmula democrática tras la muerte de los caudillos "insustituibles" no es un milagro de la persuasión política, sino la única salida de la ratonera.

1898-1998 Carta a todos los cubanos

Fidel muere, pero no es Raúl quien lo sucede
Pudiera ocurrir, sin embargo, que, tras la muerte de Fidel, el Consejo de Estado elija otro sucesor. Se sabe que Ricardo Alarcón es candidato a la presidencia del país. Lo ha admitido a la prensa y probablemente tiene el secreto apoyo, tanto de la mayoría de la Asamblea Nacional del Poder Popular como del Partido Comunista. Se le percibe como un hombre talentoso, más abierto, experimentado, que no en balde vivió un cuarto de siglo en Estados Unidos como jefe de la diplomacia cubana. No proviene del PSP, sino de cierto catolicismo radical de los años cincuenta. No era marxista. Se hizo marxista. Y pese a su —a veces— discurso ortodoxo, quienes lo conocen bien saben que eso no es más que un ejercicio de recitación. Pura retórica declamada por una inteligencia bien organizada para la polémica y para armar adecuadamente los sofismas. Tan hábil es, que Fidel ladinamente lo sacó del mundillo seguro y fulgurante de la diplomacia para exponerlo a los conflictos de un parlamento amaestrado, pero ha conseguido mantener su relevancia política y su ascendencia entre sus compañeros. Se le tiene como un verdadero hombre de estado. Uno de los pocos que en Cuba proyectan esa imagen.

Muerto Fidel, si Alarcón le planta cara a Raúl, es posible que lo derrote en el terreno político. Pero Alarcón no tiene ni el apoyo ni la simpatía de los militares. En rigor, ningún político o funcionario lo tiene. En ese terreno Raúl se ha ocupado de colocar a sus hombres de confianza. Es probable, en ese caso, que se produzca una transacción: Raúl a los cuarteles, a custodiar los polvorines, a mantener a raya a la población y bajo estricta vigilancia a los políticos, mientras Alarcón se ocupa de gobernar y de ensayar una apertura gradual y retardada. Sería una especie de pinochetismo de izquierda o de sandinismo. Un sandipinochetismo. Sólo que esa fórmula, en la que el aparato de poder se rompería en facciones contradictorias, no sería más que una lentísima, enrevesada y peligrosa manera de llegar al mismo punto: la inevitable democracia y la indeclinable economía de mercado.

Golpe civil contra Fidel Castro

Muy improbable, pero no imposible, es un golpe de estado a Fidel Castro provocado por su incapacidad para gobernar física y —sobre todo— mental. Se conoce con toda precisión que la cúpula de gobierno está absolutamente cansada de la terquedad de Castro, de sus excentricidades, de sus caprichos. A los dirigentes les avergüenzan y les humillan las peroratas de siete horas, las incongruencias, las tonterías que dice, o sus alocadas iniciativas económicas. Cuando su hermano Raúl, que no está exento del miedo que le tienen todos los dirigentes, se atreve a llamarle la atención tras un discurso maratónico, es porque todos están hartos de esa irritante variación de la tortura que es la incontinencia oral.

No es nueva esa sensación de fatiga frente a Fidel Castro. A fines de los ochenta Carlos Aldana y José Abrantes comenzaron a pensar en un honroso retiro para el Comandante. Quedaría como Reina Madre, como un símbolo glorioso, mientras otras personas más jóvenes tomarían el relevo. Pero no ocurrió: Abrantes, como se sabe, murió en la cárcel, y Aldana fue relegado a un puesto sin importancia tras haber sufrido la humillación de ser calificado de corrupto.

Dado el deterioro evidente de Fidel, si tarda en morir es posible que algunos políticos en activo intenten desplazarlo. Y eso, si se trata de civiles, sólo puede ocurrir en el parlamento, pues el Partido no es un órgano deliberativo que pueda tomarse en serio. Es lo que suele llamarse el "desenlace a la Robespierre". Algunos diputados se ponen de acuerdo, vencen el miedo que los paraliza, y se atreven a decir en voz alta lo que hoy sólo le cuentan a la almohada: "que Fidel Castro, tras una vida de servicio a la patria, ya no es capaz de seguir gobernando porque la senilidad lo ha incapacitado". No lo han derrotado los yanquis, sino la vejez. Entonces la mayoría, envalentonada, se atreve a pedir la sustitución del Presidente. Hace dos años, en una de las escasas reuniones de la Asamblea Nacional del Poder Popular, Castro temió que algo parecido sucediera y se apresuró a apoderarse de la palabra para impedirlo. Y en fecha tan reciente como el 24 de febrero pasado, algunos soñaban con el milagro de que Castro, voluntariamente, diera paso a otro Presidente y comenzara, al fin, un proceso gradual de cambios. Alarcón, se dice, quedó muy inconforme con que tal cosa no hubiera sucedido.

Golpe militar contra Fidel Castro
¿Es posible que el final de Castro sea como el de Ceaucescu? Es poco probable. Raúl Castro mantiene un estricto control de las Fuerzas Armadas y del Ministerio del Interior, y, aunque no está de acuerdo con el noventa por ciento de las cosas que hace su hermano, y ni siquiera comparte el mismo círculo de amistades íntimas, su sentido de la lealtad y su subordinación emocional a Fidel convierten este "escenario" en una remotísima posibilidad. Es posible que Raúl piense que ya es hora de que su hermano muera y el país comience a tomar otra dirección, pero muy difícilmente él adelantará un minuto ese momento.

Por otra parte, no es obvio que las Fuerzas Armadas cubanas posean lo que los militares llaman "espíritu de cuerpo". No es una institución surgida de la historia institucional del país, sino de la propia revolución. Es un organismo "brotado" de otro que se marchitó con el tiempo. Los generales o los oficiales de alta graduación no despiertan la admiración o la obediencia ciega de los subordinados, pues la autoridad, se les ha dicho, está en otra parte, en el Partido Comunista, o, mejor aún, en Fidel Castro, padre de la patria. Existe, por añadidura, una férrea labor de inteligencia y de contrainteligencia. Todos se saben vigilados por todos y eso les impide juntarse aunque compartan el diagnóstico más crítico.

No obstante, cuando la legitimidad se resquebraja, como ha sucedido en Cuba, y cuando se otea en el ambiente el olor a fin de régimen, quienes tienen las armas siempre son un peligro potencial para el poder constituido. Pero si en Cuba hay una conspiración militar, lo previsible es que se concrete en un foco muy pequeño que, como en el ajedrez, cifre todo su esfuerzo en dar jaque mate al rey, o a los reyes, Raúl incluido, en una operación relámpago que luego puede desembocar en cualquier cosa, lo que convierte la especulación en un ejercicio inútil carente de sentido práctico.

La oposición interna y externa precipitan el cambio
Una sexta variante podría derivarse de la vertebración dentro de Cuba de una fuerza pacífica de oposición, apoyada y coordinada con grupos políticos afines del exilio, que alcance un grado tal de respaldo en la Isla, que el gobierno cubano se vea obligado a admitir su carácter de interlocutor válido en un proceso de transición hacia la democracia. Al fin y al cabo, la transición en la URSS no comenzó hasta que Gorbachev descolgó el teléfono y llamó al disidente Sajarov.

La tarea no es fácil, pues una de las principales labores del Ministerio del Interior —y para lo cual dispone de unidades especiales— consiste en tratar de confundir, desacreditar, penetrar y desorientar a las organizaciones de disidentes, al tiempo de que intenta impedir que se coordinen con grupos, partidos e instituciones radicadas en el exilio, pero el surgimiento de Concilio Cubano en 1995 demostró que la oposición interna había alcanzado un grado de madurez y capacidad de estructuración realmente notables.

Si se produjera un nuevo impulso cohesionador dentro de Cuba, es posible que las autoridades, ante el peligro de perder el control sobre la oposición, respondan con un masivo espasmo represivo en todo el país, provocando un desorden político generalizado, pero eso seguramente generaría condenas mundiales y respuestas de las instituciones internacionales más importantes, agravando sustancialmente con ello la crisis por la que atraviesa el gobierno de Castro y su aislamiento político y económico.

Lo razonable, por otra parte, sería que en el momento en que el gobierno cubano admita que no sólo es conveniente sino inevitable un aumento en la participación política de la sociedad, acepte que la oposición interna y externa puedan actuar libremente dentro de Cuba en el terreno político, más o menos dentro de los esquemas que en su momento se vieron en países como Polonia, Hungría o la propia España durante sus respectivas transiciones.

Un mensaje final
Este es, en síntesis, nuestro análisis de la situación cubana, al que han contribuido desde Cuba algunos disidentes y hasta anónimos reformistas formalmente vinculados al gobierno. A partir de estas reflexiones ¿qué podemos aportar para contribuir al bienestar de nuestra nación? Ante todo, comunicarle a la sociedad cubana, a toda —gobierno, oposición o indiferentes—, un mensaje muy claro: si el medio es legítimo y si el fin va encaminado a restablecer en Cuba la democracia y el Estado de Derecho, quienes precipiten un desenlace razonable, pueden contar con nuestro apoyo sincero.

En 1990, junto a democristianos y socialdemocrátas, la ULC contribuyó a la creación de la *Plataforma Democrática Cubana* para añadir a nuestro esfuerzo el peso de las grandes fuerzas de moderación y aliento agrupadas en las Internacionales de corte democrático. La ULC, creada en España, pero con inmediatas ramificaciones en Estados Unidos, Venezuela y Puerto Rico, había visto el gran impacto que la solidaridad política internacional había tenido en países como España y Portugal durante sus transiciones, y nos parecía que ese elemento era demasiado valioso para desperdiciarlo. Asimismo, pensábamos —y pensamos— que era sano para Cuba extraer el conflicto cubano de la habitual querella entre Washington y La Habana para instalarlo donde verdaderamente corresponde: un conflicto, primero, entre cubanos demócratas y cubanos no demócratas; y, segundo, un conflicto entre demócratas del mundo entero y los partidarios cubanos del totalitarismo. En gran medida ese objetivo fue cumplido.

Cuba: Un siglo de doloroso aprendizaje

Pero en el recorrido hemos aprendido bastante y hemos forjado lazos internacionales extremadamente convenientes para la Cuba futura. No hay, probablemente, un gobierno, centro político o financiero de primer orden en el mundo occidental con el que la ULC no encuentre un modo instantáneo, directo y eficaz de relacionarse. No hay una mano amiga potencialmente útil en la reconstrucción de Cuba a la que no sepamos acudir cuando llegue la hora cero. No hay un país que haya transitado del comunismo a la democracia que nos niegue su experiencia si se la pedimos, pues hemos sabido crear una trama de solidaridad y amistad que, en su momento, se pondrá incondicionalmente al servicio de la democratización de Cuba.

Carece de sentido, sin embargo, hacer hoy planes detallados sobre la reconstrucción de Cuba, pues todo dependerá de si el país se encamina o no en la dirección de la libertad. Por otra parte, la ULC sostiene la convicción de que son los cubanos en las urnas los que tienen que decidir sobre el futuro económico y político del país, y no un partido, por bien intencionado que se muestre.

Nosotros, por supuesto, poseemos ideas generales muy claras y —en su momento— trataremos de persuadir a la población de sus bondades, pero quienes creemos en la libertad jamás intentaremos imponerle al pueblo lo que tiene que hacer. Nuestra tarea, por el contrario, se limita a proponer la creación de las instituciones adecuadas para que los individuos, libremente, escojan lo que les parece más conveniente a sus ideales e intereses, pues la experiencia nos ha enseñado que las personas son mucho más eficientes que los Estados o las tendencias ideológicas a la hora de formular expectativas racionales, actuar en consecuencia y crear riquezas. La experiencia ha demostrado que los "constructivistas", los que juegan a la ingeniería humana, con sus benévolos caprichos suelen crearles enormes dificultades a los pueblos

Creemos conocer, sin embargo, la secuencia básica de una transición feliz hacia la libertad:

Primera etapa
90 días

1. Amnistía para todos los presos condenados por delitos de origen político, y reforma del Código Penal vigente, con el fin de que desaparezcan los tipos de supuestos delitos que hoy atentan contra las libertades.
2. Reforma de la Constitución actual y de las leyes secundarias, con el fin de permitir la actuación conforme a Derecho de todas las fuerzas políticas.
3. Respeto irrestricto a la libertad de asociación y prensa con el objeto de hacer posible la libre emisión del pensamiento.
4. Libre entrada y salida de los exiliados y sus hijos y familiares, así como la recuperación de todos sus derechos ciudadanos.

Segunda etapa
90 días

5. Celebración de un *referendum* para votar sobre dos aspectos:
    a) Convocatoria a elecciones pluripartidistas y
    b) Amnistía o "Ley de borrón y cuenta nueva" para todos los delitos de carácter o intencionalidad política cometidos desde 1952 a la fecha de la consulta.

Tercera etapa
180 días

6. Celebración de elecciones generales y constitución de un nuevo gobierno y parlamento democráticos. Una comisión constitucional de expertos del propio parlamento redactaría y propondría una nueva Constitución, inspirada en la Constitución de 1940, especialmente en su parte dogmática, texto que primero sería aprobado por el propio cuerpo legislativo y luego sancionado por la población mediante *referendum*.

Tareas de la ULC

Para la ULC, en el momento actual, mientras operemos en el exilio, la estrategia que desarrollamos con el objeto de contribuir a la transición puede concretarse esquemáticamente de la siguiente manera:

1. Continuar coordinando nuestro trabajo y colaborando fraternalmente con la Coordinadora Socialdemócrata y con el Partido Demócrata Cristiano de Cuba dentro de la coalición conocida como Plataforma Democrática Cubana.
2. Mantener nuestros lazos con todas las organizaciones que dentro y fuera de Cuba buscan un desenlace democrático por vías pacíficas, y especialmente con aquellas que comparten nuestro ideario liberal. La unidad de todas las fuerzas democráticas oposicionistas es un objetivo primordial de la ULC.
3. Contactar a los reformistas del gobierno cubano y ofrecerles nuestra discreta y sincera colaboración para la búsqueda de una transición hacia la democracia.
4. Respaldar a la disidencia interna y denunciar en los medios de comunicación, los foros internacionales y por medio de trasmisiones radiales hacia Cuba las violaciones de los Derechos Humanos que ocurren en la Isla.
5. Estudiar la realidad cubana y las transiciones en las naciones que abandonaron el comunismo para proponer medidas concretas que contribuyan al bienestar inmediato de los cubanos en el momento en que se inicien los cambios en el país. Publicar y difundir todo aquello que nos parezca relevante a estos fines.
6. Cultivar las relaciones con todas las naciones y organismos políticos del mundo democrático de Occidente.
7. Informar a todas las Cancillerías, medios de comunicación y centros de poder sobre el curso de los acontecimientos en Cuba.

La ULC también posee una clara visión de su papel durante la transición. Una vez en Cuba, junto a otras fuerzas democráticas:

a) Contribuirá a la consolidación de la democracia haciendo un llamado enérgico al perdón y la reconciliación, para lo cual invitará al país a numerosas figuras internacionales de peso moral y autoridad intelectual.
b) Creará —dentro de la pluralidad democrática—, un gran partido para la defensa de las libertades política y económica, desarrollando simultáneamente una gran campaña que explique en términos comprensibles cómo se consolida la democracia política y cómo se crea o se destruye la prosperidad. La democracia sólo sobrevive cuando hay partidos políticos sólidos y maduros que entienden plenamente su responsabilidad social. En una democracia sólo se trasformará lo que las personas libremente decidan en las urnas.
c) Defenderá con argumentos sólidos la necesidad de transferir todo el aparato productivo, hoy en manos del Estado, a manos de la sociedad civil, procurando que la mayor parte de los propios trabajadores constituyan empresas y tengan acceso a la propiedad privada de los medios de producción, especialmente en aquellos centros de trabajo con menos de cien empleados.
d) Abogará porque los inquilinos de las viviendas o las empresas de cooperativistas rurales que no posean un título claro sobre las propiedades que habitan o en las que trabajen se conviertan en propietarios de pleno derecho.
e) Defenderá vigorosamente el derecho de los antiguos propietarios a recibir una compensación justa por los bienes que les fueron confiscados y que por razones de fuerza mayor no puedan recuperar.
f) Atraerá al país a financieros y empresarios internacionales que se interesen en invertir en una Cuba democrática.
g) Convocará con sus contactos a la solidaridad internacional con los cubanos para que los frutos materiales de la libertad y la democracia se obtengan en el menor plazo posible. Asímismo, invitará a los más acreditados grupos y organismos internacionales para que asesoren, supervisen

y legitimen el proceso de cambio y las consultas electorales.
h) Contribuirá a procurar recursos del exterior para que puedan garantizarse plenamente los servicios de salud y educación para toda la población.
i) Colaborará estrechamente con las Fuerzas Armadas y con las de orden público para que las personas integradas en esos organismos que deban pasar a la sociedad civil, dada la natural e inevitable reducción de estas instituciones en una nación democrática, puedan adaptarse sin traumas ni especiales problemas a la nueva situación.

Todos sabemos que estamos en el último acto de una larga tragedia. Y todos percibimos que nuestro momento histórico pudiera tener un triste parecido al fin del siglo pasado. Hemos hecho un inmenso y doloroso recorrido para retornar al punto de partida. Es nuestra responsabilidad aprender de los errores y ser capaces de superar las adversidades. Existe un camino diáfano por delante. No es fácil y no está exento de dificultades, pero si actuamos con cordura y buena voluntad podemos llegar a la meta sin violencia y sin vencedores ni vencidos, sin mirar hacia atrás, porque todos, unas veces por acción y otras por omisión, en alguna medida, hemos contribuido al error. Hace unos años los obispos católicos escribieron un hermoso y esperanzador documento bajo el título de "El amor todo lo puede". El patriotismo, el sentido del deber y la responsabilidad también lo pueden todo. Pueden hasta rescatar a nuestra nación en su momento más amargo.

Una ceremonia para salvar el futuro[*]

Cuba, país fuertemente uncido al mundo occidental, pese a los esfuerzos de Fidel Castro por apartarlo del universo cultural al que pertenece por su historia y geografía, está a punto de entrar en una nueva etapa. Dentro de pocos meses, o de pocos años, la dictadura comunista habrá cesado y la sociedad se preguntará cómo y por qué sucedió lo que sucedió. Llegará entonces el momento de la reflexión, y, como parte de ese ejercicio, probablemente surgirá la tentación de formar «comisiones de la verdad» para esclarecer las violaciones de los derechos humanos de que han sido víctimas los cubanos, no sólo por los gobiernos, sino también por la oposición. Lo hemos visto en una docena de países que han estrenado la democracia, y entre ellos algunos de nuestra estirpe: Chile, Guatemala, El Salvador, Argentina. Otros, sin embargo, han optado por la amnesia y el voluntario olvido de los agravios. España es el caso más notable. En los papeles que siguen intento acercarme a este grave dilema moral. Debo empezar, naturalmente, por un inevitable recorrido histórico.

La tradición violenta
Hay una bella y estremecedora canción de Sindo Garay, compuesta hace casi cien años, cuya letra descubre y describe una peculiar actitud en el cubano: «y cuando siente, de la patria el grito, todo lo deja, todo lo quema, ese es su lema su

---

[*] Conferencia pronunciada en Cuernavaca, México, dentro del seminario "Memoria, Verdad y Justicia", organizado por el Latin American and Caribbean Center de Florida International University, el 22 de junio de 2001.

religión». En efecto, el primer gran gesto independentista de los cubanos en 1868 fue incinerar la ciudad de Bayamo, una de las más antiguas de la Isla, antes de que cayera en manos de los españoles. Se da por sentado que los cubanos allí avecindados sacrificaron gustosa y patrióticamente sus viviendas y pertenencias en aras del ideal separatista. Jamás he leído que hubiera existido una voz de protesta ante estos hechos, lo que me indica que, si ése efectivamente era el estado anímico de los bayameses, habrá que admitir que poseían una sicología más bien excéntrica. Usualmente las personas razonables ven la pérdida del techo familiar como una inmensa desgracia que pone en peligro a los niños y ancianos del grupo. Los bayameses aparentemente tenían otro punto de vista.

La república, pues, nació bajo el signo del heroísmo y del sacrificio extremos. Tanto la Guerra de los Diez Años como la de la Independencia fueron extraordinariamente duras. Murieron decenas de miles de personas y los contendientes de ambos bandos no se ahorraron actos de gran salvajismo. El asesinato de heridos, prisioneros y de sospechosos fue una práctica común, y, aunque la intensidad de la barbarie parece haber sido notoriamente mayor por parte del ejército español, como prueban los «reconcentrados» de Weyler, muchas décadas después de inaugurada la República, los cubanos todavía reían con las traviesas anécdotas del general Quintín Bandera y su modo de identificar a los españoles antes de ordenar la inmediata ejecución: «¿Cómo te *ñamas*» —les preguntaba a los cautivos con su acento africano? «González» (o Pérez, o lo que fuera) decía el asustado soldadito. «Te *ñamabas*», contestaba Banderas recorriendo la garganta con su dedo índice. Poco después de iniciada la República, el propio Banderas dejo de *ñamarse*. Otros cubanos lo asesinaron. Fue una ejecución de carácter político, como tantas en ese periodo turbulento. Nadie pidió perdón por ello.

Una sociedad sin conciencia crítica ante la violencia política

Lo que quiero decir es que los cubanos nos asomamos a la independencia sin una verdadera conciencia crítica sobre el uso de la violencia como modo de solucionar nuestros conflictos o de respaldar nuestras causas. En las aulas escolares y en la tradición oral del país consagramos la tea incendiaria de Máximo Gómez y la muerte por fusilamiento de los *traidores* que proponían arreglos pacíficos. El «Pacto del Zanjón» siempre fue visto como una claudicación vergonzosa, en contraste con la viril (aunque inútil) «protesta de Baraguá». El asesinato de adversarios, aun cuando no fuera la regla, ocurrió con cierta tolerada frecuencia, como también los duelos a sable o pistola. La policía generalmente actuó con excesiva severidad frente a los delitos comunes, y, cuando los poderes públicos lo propiciaron, jamás escasearon los matones dispuestos a torturar o asesinar a los enemigos del gobierno de turno. Más de tres mil cubanos —la mayor parte asesinados— fueron exterminados durante la guerra racial de 1912. Los *porristas* de Machado, los *esbirros* de Batista y las *Brigadas de respuesta rápida* de Castro son buena muestra de esta fauna de rompe y rasga, siempre tan abundante, activa y entusiasta en nuestra convulsa sociedad.

Por otra parte, los luchadores por la libertad, como queda dicho, tampoco le hicieron asco a la violencia más radical. ¿Cómo se peleaba en Cuba contra la tiranía o contra los gobiernos que incurrían en atropellos a la democracia? Se luchaba con conspiraciones militares, atentados, alzamientos, sabotajes y actos terroristas en los que se incluían secuestros y asesinatos. Ni siquiera en las etapas democráticas la sociedad se escandalizaba por el uso de la violencia: «ahí viene el mayoral sonando el cuero» se decía del General Menocal, y «los liberales del Perico» se veían obligados a «correr» ante el acoso de los conservadores. Otras veces sucedía a la inversa y los que corrían eran los conservadores.

Una ceremonia para salvar el futuro

Así ocurrió a lo largo de casi todo el siglo XX, contra prácticamente todos los gobiernos, pero muy especialmente contra las dictaduras de Machado, Batista y Castro. Fueron cientos las bombas irresponsable y criminalmente colocadas en lugares públicos para combatir a los gobiernos de Machado y Batista, lo que dejó decenas de personas muertas, heridas o mutiladas. Nuestras guerras separatistas surgieron aproximadamente en la época en que se perfeccionaba la dinamita (1866), e inmediatamente se estableció una relación entre este explosivo y —como preconizaron los anarquistas— la resistencia a la opresión. A Weyler trataron de volarlo con un bombazo colocado en el Palacio del Segundo Cabo, y el patriota que lo intentó, el periodista Armando André, varias décadas más tarde, en 1925, en el curso de otro conflicto, fue hecho ejecutar por Gerardo Machado.

Como era predecible, en los primeros años de la década de los sesenta del siglo que acaba de terminar también se utilizaron esos procedimientos contra la dictadura de Castro, aunque en menor cantidad. Por esas fechas ardieron algunos establecimientos comerciales, hubo algunas víctimas inocentes, y La Habana se estremeció bajo el efecto de los explosivos, ahora perfeccionados con la ayuda de la CIA y la introducción en nuestras querellas del C-3 y el C-4. Castro respondió a este reto con mayor violencia: el paredón de fusilamiento, que nunca ha cesado en el largo gobierno de difuntos sin flores del Comandante, se usó con una frecuencia nunca vista en la historia colonial o republicana de la Isla. El país fue sembrado de comités de delatores, cuadra por cuadra, empresa por empresa, y se inició un clima de persecución que todavía se mantiene. A los alzados en el Escambray se les juzgaba y ejecutaba en pocos minutos. No eran exactamente asesinatos extrajudiciales, pero casi: los detenidos carecían de garantías jurídicas o de procesos justos. Los mataban sumariamente. La cifra de fusilados compilada por el académico Armando Lago es de unas dieciocho mil personas. El trato dado a los prisioneros que salvaban la vida era abominable: larguísimas condenas en celdas inmundas, ali-

Cuba: Un siglo de doloroso aprendizaje

mentación miserable, golpizas frecuentes. Mas la sociedad, en su conjunto, no parecía (ni parece) terriblemente indignada: así era y es la batalla. Ésa era la gramática de la insurgencia y de la contrainsurgencia. Curiosa y significativamente, un porcentaje notable de los cubanos que abandonan la Isla, pese a que las transmisiones de Radio Martí cuentan con más de quice años de existencia, aseguran que nada o casi nada sabían de estos atropellos. La resignación, la indiferencia y no querer informarse aparentemente constituyen una actitud bastante generalizada entre nuestras gentes.

Tras el desembarco de Playa Girón, y casi liquidadas las guerrillas del Escambray, pronto la única oposición armada que quedaba estaba en el exilio y bajo la protección y el auxilio del gobierno de Estados Unidos, entonces entregado a la lógica de la Guerra Fría. Pero esta fase del enfrentamiento sólo duró hasta la muerte de John F. Kennedy. A partir de ese punto, la oposición armada al castrismo, la situada en el exterior, apenas dependió prácticamente de sus escasos recursos. Ahí se inscriben esfuerzos bélicos como los desembarcos de Gutiérrez Menoyo, Vicente Méndez o de «Yarey», tan valientes como temerarios, pues carecían de la menor posibilidad de tener éxito. Y ahí hay que agregar, también, los episodios de lo que se ha llamado «la guerra por los caminos del mundo», esos desesperados actos de terrorismo contra buques petroleros soviéticos y barcos polacos y españoles de transporte de mercancía, la execrable voladura de un avión de Cubana de Aviación en pleno vuelo, barbaridad atribuida con probable fundamento a un grupo de exiliados, aunque el hecho nunca ha sido del todo aclarado, o, muy recientemente, lo que parece ser el último coletazo violento impulsado desde el exterior: las bombas colocadas en hoteles cubanos por anticomunistas centroamericanos contratados para esos fines.

En todas partes cuecen habas
En realidad, cuanto ha sucedido en la Isla no es muy diferente a lo que se observa en otras partes del planeta, pero muy

especialmente en América Latina. Quien conozca la historia política de Colombia, Centroamérica o Paraguay no puede pensar que la sociedad cubana ha sido especialmente cruel. Las dictaduras latinoamericanas de mediados de siglo —Trujillo, Somoza, Stroessner, Perón, Ubico, Carías, Pérez Jiménez, Rojas Pinilla, Odría, etc.— actuaban de manera parecida, con un total desprecio por los derechos de la oposición, y la oposición, cuando las circunstancias eran propicias, recurría a la violencia. Al fin y al cabo, hasta los teólogos católicos más reputados, desde Santo Tomás hasta el jesuita Mariana, entre otros, han consagrado el derecho a la rebelión o al magnicidio para sacudirse a los tiranos, argumento, por cierto, esgrimido por el propio Castro para justificar el asalto al cuartel Moncada en 1953.

Por aquellos mismos años, tampoco resultaba inusual que las democracias más acreditadas de la Tierra recurrieran a la violencia extrajudicial y al terrorismo de Estado para controlar situaciones peligrosas. La actuación de franceses, belgas e ingleses en África —no digamos la de los portugueses—, casi siempre incluía la tortura y asesinato de los detenidos, y muchas veces bordeaba el genocidio. Fue proverbial, por ejemplo, la mano dura de los británicos en Palestina, y también la fiera respuesta de los israelíes con sus bombas y sus asesinatos selectivos, como modo de fatigar a Londres y obtener la independencia. Y no fue un caso único: los argelinos emplearon el mismo método contra Francia, y aparentemente obtuvieron la simpatía de los medios de comunicación, como parece demostrar la excelente película *La batalla de Argel* de Gillo Pontecorvo. La Francia del admirado Charles de Gaulle, por su parte, además de las masacres cometidas contra la población argelina —que incluyó las torturas más crueles a niñas y mujeres a las que les colocaban picanas eléctricas en los genitales—, cuando ordenó la retirada del suelo africano no tuvo demasiados escrúpulos en organizar y condonar el asesinato de decenas de terroristas *pied noirs* opuestos a la descolonización, crímenes que, en algunos casos, hasta fueron cometidos en suelo europeo.

Al punto al que quiero llegar es bastante obvio: los cubanos no constituían una etnia especial de violentos sicópatas, sino una sociedad cuyo comportamiento era bastante parecido al que se podía observar en casi todo el planeta. Los gobiernos, básicamente los ilegítimos, pero también las democracias más respetables, conculcaban los derechos de las personas, las maltrataban, y, en casos extremos, las eliminaban, mientras la oposición, moralmente protegida por la atribuida pureza de la causa que defendía, cometía su cuota de barbaridades sin ningún cargo de conciencia.

Un cambio de paradigmas morales
Este bárbaro panorama de violencia comenzó a cambiar, por lo menos en el plano teórico, después de la Segunda Guerra, tras la constitución de la ONU, en un mundo estremecido por los horrores de los nazis, momento en que se adopta la *Declaración Universal de los Derechos Humanos*, pero ese documento, suscrito por Stalin sin ningún rubor, entonces es poco más que pura retórica. Habrá que esperar hasta los años setenta, durante el gobierno de Jimmy Carter, cuando la Casa Blanca retoma su espíritu y esgrime el tema de los derechos humanos en su confrontación con la URSS, introduciendo el compromiso de respetar estas normas en los llamados acuerdos de Helsinski. Súbitamente se revitaliza la vieja idea defendida por los estoicos paganos grecolatinos, y luego por los cristianos, de que las personas estaban protegidas por unos «derechos naturales» que no podían ser eliminados por ninguna «razón de Estado», lo que, a su vez, engendraba un tipo de oposición no violenta que intentaba actuar dentro de los límites de la legalidad vigente. En la URSS ese movimiento opositor encarnó en la figura de Sajarov, mientras en Cuba tuvo como principal impulsor al profesor y preso político Ricardo Bofill, y luego, en su misma senda, a personalidades como Gustavo y Sebastián Arcos, o a Elizardo Sánchez Santacruz, fundadores del *Comité Cubano Pro Derechos Humanos*. De pronto, para bien, y en todas las latitudes, comenzaron a proliferar organizaciones como *Am-*

nistía International, *Human Rigths Watch* o *Pax Christi*, mientras surge en Washington, bajo la dirección de Elena Mederos y Frank Calzón, una institución perfectamente sincronizada con su época y creada para esos mismos fines, pero limitada al marco cubano: *Of Human Rigths*.

¿Qué había sucedido? Algo trascendente: se había producido un cambio sustancial en la mentalidad social o juicio colectivo de Occidente. De pronto, se habían devaluado tanto ciertos condenables métodos represivos utilizados por los Estados como los suscritos por la oposición armada. Colocar bombas dejó de ser una conducta aceptada, y se esperaba que los participantes en cualquier conflicto armado se condujesen con arreglo a normas humanitarias especificadas en tratados y convenios. Torturar prisioneros o darles un tiro en la nuca a los opositores empezó a ser universalmente repudiado. Esto no quiere decir que se interrumpiese la viejísima tradición de barbarie que la humanidad ha padecido desde que se tiene noticia escrita —y basta remitirse al Antiguo Testamento para asomarse a las masacres—, sino que las normas sobre las que se sustentaba el juicio ético se habían vuelto mucho más estrictas.

Finalmente, este nuevo clima moral compareció en los códigos del derecho penal internacional. Esto permitió que el general Noriega, tras la invasión norteamericana a Panamá, fuera juzgado en Estados Unidos como criminal y traficante de drogas. El viejo precedente de Nuremberg, tomado durante muchos años como un episodio aislado, cobraba nueva vida y se invocaba en los Balcanes para juzgar a los criminales de guerra serbios y croatas. Dentro del mismo espíritu, el general Pinochet sería detenido en Londres a requerimiento de un juez español, acusado de numerosos delitos contra las personas. Por la otra punta del fenómeno, se agigantaban las figuras defensoras de los derechos humanos: Martin Luther King, Nelson Mandela, Vaclav Havel, Sajarov, Solzhenitzyn eran universalmente venerados. Por primera vez comparecían ciertos nombres cubanos en la prensa internacional a los que se les atribuía el peso moral de las víctimas que luchaban en el terreno de la conciencia y sin otra arma que la palabra: Armando Valladares, Gustavo Arcos, Jorge Valls, Ernesto Díaz Rodríguez, María Elena Cruz Varela, últimamente, Vladimiro Roca y Oscar Elías Biscet. La civilización occidental había dado un paso enorme en dirección del respeto por la vida humana. Desgraciadamente, era un paso selectivo encaminado a sancionar a los más débiles violadores de los derechos humanos: los atropellos de Rusia en Chechenia se ignoraban, y las protestas contra los crímenes de China en Tiannanmen no pasaban de palabras airadas. Había un elemento de hemiplejia moral en las condenas y sanciones, pero algo, en fin, se había avanzado.

El doloroso dilema y el caso español
A partir de estas premisas y de este brevísimo recuento, es conveniente situarse en el plano cubano. ¿Qué ha sucedido en nuestra sociedad ante este cambio fundamental de perspectiva? Ha ocurrido una curiosa dicotomía: casi toda la oposición, a partir de los años setenta, desde el surgimiento en Cuba del *Comité pro Derechos Humanos* y de *Of Human Rigths* en el exilio, hasta las propuestas de la *Plataforma Democrática Cubana* y el *Proyecto Varela* impulsado por Osvaldo Payá en los noventa, ha ido tácita o explícitamente renunciando a la violencia y alineándose en la nueva corriente ética y jurídica prevaleciente en Occidente. Pero mientras esto sucedía entre los demócratas de la oposición, los defensores del castrismo no se han movido un milímetro de los viejos modos brutales de razonamiento y de comportamiento, como se confirma en episodios como la matanza de los refugiados que huían en el barco «*13 de marzo*», en el derribo de las avionetas de Hermanos al Rescate, en el trato dado a los disidentes dentro y fuera de las cárceles, y, sobre todo, en la cínica negación de que el gobierno cubano fuera un violador sistemático de los derechos humanos, tal y como atestiguaban las organizaciones internacionales más solventes y objetivas, tras examinar una y otra vez los testimonios de las víctimas.

Una ceremonia para salvar el futuro

No obstante, un día, acaso no muy lejano, terminará la dictadura cubana y comenzará la transición hacia el modelo de democracia plural y economía de mercado que hoy impera en buena parte del planeta, ya sea como realidad o como meta deseable. En ese instante surgirá el dilema inevitable que han debido enfrentar muchos de los pueblos abocados al cambio: qué hacer con nuestro pasado. ¿Condenar a los «culpables»? ¿Señalar a los criminales y dejar impunes sus crímenes? ¿Pasar la página y olvidar el pasado?

Cualquier opción está llena de peligros y de no pocas arbitrariedades. La primera dificultad está en enmarcar temporalmente los hechos que se quieren enjuiciar, tanto moral como jurídica o políticamente. Hace muy pocas fechas moría en Miami, a los 87 años, un coronel de la policía de Batista, responsable de numerosos crímenes. El hijo de una de sus víctimas, también exiliado en Miami, celebró su muerte sin contemplaciones. Castro le había hecho daño, pero mucho más, en el terreno estrictamente personal, se lo había hecho Batista. ¿Dónde se sitúa el calendario de las responsabilidades? ¿Deben pedir perdón los terroristas que combatieron la dictadura de Castro? ¿Por qué no los terroristas que combatieron la dictadura de Batista? ¿No suelen recordar los castristas, muy ufanos, «la noche de las cien bombas» que estremecieron La Habana? ¿Deben pedir perdón los alzados que asesinaron al maestro Conrado Benítez? ¿Por qué no los militares que fusilaron a cientos de campesinos rebeldes durante lo que el gobierno cubano llamó «la limpia del Escambray» o «Lucha contra bandidos»? ¿Cuándo comenzaron a ser repugnantes los crímenes de Castro, en la misma Sierra Maestra, donde algunos campesinos fueron ejecutados por meras sospechas de colaboración con el enemigo, como relató en su espléndido libro *La revolución cubana: una versión rebelde* el abogado Lucas Morán Arce, miembro del «26 de Julio» y horrorizado testigo de aquellos hechos siniestros? ¿En los primeros meses del 59, cuando casi toda Cuba aplaudía las ejecuciones sumarias de los supuestos *esbirros*, o poco después, cuando comenzaron a caer los *revolucionarios*?

Y a esta imposibilidad de trazar una raya en el tiempo y precisar cuándo, exactamente, surgió la injusticia, se añade otra melancólica circunstancia: los gobiernos totalitarios, caracterizados por no dejar espacio a la indiferencia o a la automarginación, producen torrentes de cómplices de la barbarie. ¿Quién es más culpable de atropellar al prójimo: el guardia con nombre y apellido, estúpido y brutal, que golpea a culatazos a un prisionero indefenso, el que asesinó a mi amigo Alfredo Carrión Obeso en la cárcel de Melena II, o el matón anónimo que participa en una turba que maltrata, humilla y veja a una persona cuyo único «delito» es haber manifestado su deseo de abandonar el país, como ocurrió mil veces durante el éxodo del Mariel? ¿Es peor —aún cuando admitamos que se trata de una persona despreciable— el militar que preside un *tribunal revolucionario* que condena a muerte a meros sospechosos de delitos políticos, o ese agitador del partido comunista que organizó un acto de repudio contra aquel desdichado maestro de inglés de un instituto habanero al que los estudiantes mataron a patadas por ser *enemigo de la patria*? ¿Y qué hacemos ante uno de aquellos adolescentes participantes en el crimen, entonces un homicida furioso, quien andando el tiempo se convirtió en un adulto crítico y, por lo tanto, en una víctima del sistema?

Lo que trato de decir es que en una triste historia, como la nuestra, no hay un puñado de culpables vesánicos, sino centenares de miles, quizás millones de personas que directa o indirectamente han colaborado con los crímenes, con los abusos, con las humillaciones infligidas a otros tantos compatriotas nuestros. A lo que intento agregar otro matiz tan lamentable como importante: esa conducta deleznable no sólo es o ha sido la consecuencia de la imposición de un grupo de gentes malvadas marcadas por una ideología implacable. Es y ha sido, en lo fundamental, el resultado de una determinada escala de valores prevaleciente en el seno de nuestra sociedad. Escala de valores que hoy, felizmente, parece estar llegando a su fin tras la experiencia lamentable del castrismo y la colaboración indirecta de una atmósfera

Una ceremonia para salvar el futuro

internacional mucho más hospitalaria con la diversidad, la tolerancia, el respeto por las normas, las actitudes compasivas y el culto por la democracia.

El actual dilema cubano no es para mí una experiencia nueva. En 1975, tras la muerte de Franco, viví en España una situación parecida. Durante décadas los españoles habían sufrido una dictadura que fue especialmente amarga tras la guerra civil, y que luego, poco a poco, había soltado las riendas de la represión, pero sin jamás permitir una expresión política plural o el claro ejercicio de los derechos civiles. En ese punto, vísperas de un cambio de régimen y, si se quiere, de sistema, los españoles se enfrentaron a una difícil decisión: ¿se acogían a las normas democráticas y al Estado de Derecho y los utilizaban para culpar a los franquistas de los atropellos que, sin duda, habían cometido, pese a que los propios partidarios del desaparecido dictador se habían hecho el *hara-kiri* político propiciando la llegada de la democracia? Pero, ¿y los crímenes cometidos por los *rojos* durante la Guerra Civil? Solamente en Paracuellos, cerca de Madrid, las ejecuciones extrajudiciales cometidas por las milicias de obediencia comunista se acercaban a tres mil. Digámoslo muy gráficamente: unos habían asesinado a Federico García Lorca; los otros a Ramiro de Maeztu. Los dos bandos habían cometido monstruosidades, aunque el de Franco lo había hecho durante mucho más tiempo.

¿Qué hacer? La respuesta se me hizo evidente en un programa de televisión, donde se confrontaron el hijo de una víctima derechista con un comunista, verdugo de su padre y luego preso político él mismo: «¿Usted lo perdona?» —preguntó el moderador. «No se trata de eso» —respondió. «Yo ya nada puedo hacer por reconstruir el pasado ni por devolverle la vida a mi padre, pero estoy seguro de que si trato de reclamar justicia para mi caso voy a comprometer el futuro de mi patria y de mis hijos. Y yo lo que quiero es salvar el futuro».

Una ceremonia exculpatoria

La idea subyacente en las «comisiones de la verdad» es que las sociedades deben identificar víctimas y verdugos y conocer los detalles de la barbarie para que nunca más vuelva a repetirse. Yo tengo dudas de que en el caso cubano ése sea el camino correcto. La mayor parte de los cubanos ya conocemos esa horrible verdad: nuestra historia, y especialmente la etapa del castrismo, está llena de atropellos y salvajismo cometidos con la complicidad de una buena parte de nuestro pueblo. Basta ver los videos de las muchedumbres coreando el grito de «paredón, paredón» para enrojecer de vergüenza. Basta recordar las multitudinarias asambleas universitarias encaminadas a expulsar a los sospechosos de «extravangacias», o el destierro forzoso de poblaciones enteras a nuevos asentamientos, o el inmenso crimen de la UMAP, con el encarcelamiento de homosexuales, Testigos de Jehová u otros creyentes, todo ello ocurrido ante el aplauso de muchísimos cubanos y el silencio de la casi totalidad, para darnos cuenta de que en medio de este lodazal la búsqueda de culpables específicos es un ejercicio inevitablemente injusto y limitado que sólo va a provocar un mal mayor: dificultar la posibilidad de construir una Cuba mejor en el futuro.

¿Qué hacer, entonces? La tradición católica conoce y practica un mecanismo de terapia sicológica vecino al exorcismo, extremadamente útil para aliviar la conciencia: el reconocimiento público y colectivo de las culpas. El propio papa polaco suele hacerlo con inusitada frecuencia. Lo hizo cuando, a nombre de toda la Iglesia, recordó el injusto maltrato a Galileo —una forma de reconocer los abusos de la Inquisición—, y lo hizo, muy recientemente, cuando pidió perdón por los desmanes de los cruzados en el Medio Oriente. ¿Qué buscaba con ello Juan Pablo II? Naturalmente, enmendar viejos agravios, pero también mejorar la condición moral de la Iglesia Católica, tratar de impedir que en el futuro se cometan errores similares, y, sobre todo, fortalecer a la institución para que pueda continuar ejerciendo su magisterio ético sin incurrir en grandes incoherencias. ¿Cómo pedir hoy respeto por los derechos humanos si no se admite, humildemente, que, en el pasado, quien ahora los demanda fue un grave violador de esos mismos derechos?

Cuando nos llegue la hora de la libertad, más que convocar a los cubanos a la búsqueda minuciosa de culpables, creo que lo sensato, lo patriótico, lo conveniente, es pedirles, es pedirnos perdón a todos y entre todos, en una ceremonia colectiva de admisión de culpas terribles, que conlleve el otorgamiento general de una suerte de perdón y olvido generales, y, sobre todo, establezca un compromiso serio de enmienda para el futuro, algo que se puede lograr perfectamente mediante un plebiscito general que sea, además, la promesa de un mañana más generoso y compasivo. Poco vamos a solucionar sentando en el banquillo a un puñado de malvados. Lo conveniente es que nos sentemos todos, humildemente, sin hurgar en las heridas, porque casi todos, unos por acción, otros por omisión, alguna responsabilidad tenemos en esta desgraciada y larguísima peripecia.

Debemos comprometernos a nunca más recurrir a la violencia para solucionar nuestros conflictos; a nunca más violar la dignidad del prójimo; a nunca más ignorar el Estado de Derecho; a nunca más maltratar a otra personas, cualesquiera que sean sus ideas o convicciones. Todas las reglas, en fin, pueden reducirse a una sencilla norma prescrita en el Viejo Testamento, suma y resumen de la ética judeocristiana: *no hacerles nunca a los demás lo que no quisiéramos que a nosotros nos hicieran*. Arranquémonos todos los cubanos ese juramento y empecemos de nuevo mirando hacia adelante. El pasado ya lo hemos hecho añicos. Lo importante ahora es salvar el futuro.

Fin de fiesta
Castro da por terminado el período especial y retoma el socialismo puro y duro[*]

A principios de los noventa Castro mezcló el miedo con las esperanzas. Estaba convencido de que la vieja guardia estalinista sería capaz de desalojar del Kremlin a Gorbachov y retomar el glorioso camino del marxismo-leninismo. Esas ilusiones se desvanecieron tras el fallido golpe de agosto del 91 y el ascenso definitivo de Yeltsin al poder. Entonces la reacción del Comandante fue de pánico, mas, como suele ser propio de su carácter, huyó hacia delante. De esa época son sus discursos sobre la muerte que les esperaba a todos los dirigentes, uno a uno, en el Buró Político, en el Comité Central, en el Consejo de Estado. Padecía entonces una depresión aguda y se le habían disparado todos los síntomas de la paranoia. Estaba enfermo y había sufrido una hemiplejia que lo obligó a fuertes ejercicios de rehabilitación.

Inmovilismo o muerte
¿Cómo sería el final? No sabía. Sin embargo, no estaba dispuesto a ceder un milímetro en materia ideológica y mucho menos a abrir los cauces de participación de la sociedad cubana. De ninguna manera cambiaría el perfil de su régimen. No obstante, la decisión de «resistir, resistir y resistir» —como entonces se dijo— tenía que ir acompañada con una propuesta económica creíble. Castro la hizo: la desaparecida ayuda de la URSS sería sustituida por varias medidas tomadas a regañadientes. Surgía el *periodo especial*. El «ajuste» a

---
[*] Conferencia pronunciada en Miami, en el verano de 2000, en un seminario organizado por ASCE.

que sometería al país parecía dictado por el más ortodoxo asesor del *Fondo Monetario Internacional*: drástica disminución del gasto público, devaluación real de la moneda, aumento de impuestos, equilibrio fiscal, enérgico recorte de los gastos sociales. Castro lo cumplió a rajatabla. Fue el más brutal y austero de cuantos se han ensayado en América Latina. El costo social resultó altísimo. Los cubanos vieron disminuir su ya mermada capacidad de consumo en un cincuenta por ciento. Inmediatamente aumentaron los delitos y el comercio ilícito. La prostitución alcanzó proporciones nunca vistas. Escapar de Cuba se transformó en la obsesión de millones de personas. Para paliar la hambruna, se permitió la reaparición de los mercados campesinos, se autorizó a los *cuentapropistas*, las granjas estatales fueron descentralizadas y se convirtieron en una suerte de semicooperativas. Asimismo, se liberalizó la tenencia de dólares con el propósito de estimular las remesas de los exiliados a sus familiares y amigos. Las Fuerzas Armadas, con el objeto de hacerlas económicamente autosuficientes, fueron reducidas sustancialmente y se trasformaron en un *holding* económico que opera hoteles, restaurantes y empresas agropecuarias.

Pero había más. El gobierno se propuso entonces impulsar las exportaciones de biotecnología. Comercializar productos con gran valor agregado sería la salida. Castro hasta llegó a anunciar la inminente aparición de una vacuna cubana contra el SIDA. Se retomaría en serio la producción azucarera y se potenciaría el turismo, una industria siempre sospechosa por los riesgos ideológicos que comporta. También habría que recurrir a varias dolorosas medidas transitorias. Las dos más amargas eran la creación de *zonas francas* y la aceptación de *joint-ventures* con inversionistas extranjeros dispuestos a participar como socios en el capitalismo de Estado. El matiz era importante: no se abría el país a la empresa privada, sino se invitaba a ciertos empresarios sin demasiados escrúpulos para que, asociados al gobierno cubano, explotaran la excelente mano de obra disponible: dócil, educada, carente de derechos sindicales, y a la que se le arrebataba el noventa y cinco por ciento de sus salarios por medio de contratos leoninos. Esta amalgama —ajuste macroeconómico, dolarización, *joint-ventures* y vestigios de economía de mercado— tendría, repito, un nombre: *periodo especial*. Y también tendría un destino anunciado: desaparecer cuando las circunstancias lo permitieran.

Retomar el socialismo
Es exactamente en ese punto en el que estamos: Castro está seguro de que ha pasado el peligro y comienza a desmantelar las medidas tomadas durante la década de los noventa. Aumenta la presión sobre los *cuentapropistas* y Carlos Lage anuncia, satisfecho, que han pasado de 190 000 a 150 000. El objetivo es que no haya ninguno. Cierran numerosos *paladares* e intentan sustituirlos por restaurantes oficiales de precios más accesibles. ¿Método para arruinar a la «competencia»? Una alta presión fiscal, multas y prohibiciones absurdas. Los paladares privados, por ejemplo, no pueden vender carne de res o mariscos. Con la misma lógica, junto a los mercados campesinos surgen instituciones públicas que venden alimentos en dólares. El gobierno se propone recuperar el monopolio total del comercio minorista, tanto en pesos —que nunca perdió— como en dólares. Se agrava la persecución a quienes alquilan habitaciones en sus domicilios y compiten con los hoteles. El presidente del Banco Nacional anuncia que, eventualmente, terminará la dolarización de la economía. Ya se están preparando para ello y lo ensayan en el sector turístico. Proyectan una especie de caja de conversión donde cada dólar que entre al país sea sustituido por una moneda de circulación exclusiva. Cuando tengan todos los controles en la mano bajarán artificialmente la tasa de cambio de la nueva moneda con relación al dólar. Las remesas de los exiliados podrán seguir fluyendo, mas los dólares tendrán que ser canjeados por la nueva moneda. En ese momento la tenencia de dólares volverá a ser penada por la ley.

Fin de fiesta

Pero no sólo son los cubanos quienes sufren esta recaída en esa enfermedad crónica y fatal llamada «socialismo». A los inversionistas extranjeros también les ha llegado su turno. Hay el propósito de cerrar las zonas francas creadas en el país. A los pocos bufetes internacionales que operan en la Isla se les ha pedido que se vayan con sus leyes a otra parte. En el mes de mayo se anunció una paralización de las ventas en dólares de propiedades inmuebles a extranjeros y a cubanos radicados en el exterior. Ya se les notificó a los contratistas que el gobierno estudia la posibilidad de ejercer el derecho de «tanteo y retracto» previsto en los contratos. Y quienes se asoman a La Habana con el ánimo de hacer negocio lo que escuchan son propuestas de compra de suministros, o de contratos de administración —como sucede con la mayor parte de los hoteles—, pero sin compartir propiedad con el Estado cubano. El extranjero debe aportar crédito, vender y cobrarle al gobierno con mercancías o con los beneficios que produzca las empresas, pero sin establecer sociedades complejas «que menoscaben la soberanía nacional». Los hoteleros de Meliá han visto con preocupación como entre las directrices recientes está la obligatoriedad que tienen sus empleados de acentuar el fortalecimiento ideológico. Los incentivos importantes son los morales. Es otra vuelta guevarista a la tuerca. Ni siquiera sería extraña una renegociación de los pactos originales con la Sherritt canadiense. Castro no está nada feliz con los canadienses y muy especialmente con el Primer Ministro Jean Chrétien.

En el terreno político
En efecto, la recuperación del proyecto comunista también tiene una preocupante lectura política: disminuye la tolerancia con la disidencia —que siempre ha sido mínima— y se desmiente rotundamente que el régimen estudie ampliar los márgenes de participación de la sociedad cubana. Ya no hay espacio para el ambiguo lenguaje de «Robertico» Robaina. De la misma manera que se reivindica la economía planificada y la propiedad estatal como un modelo viable y mo-

ralmente superior de organización económica, se asegura que el sistema de partido único y de ideología marxista leninista es ética y políticamente superior al que exhiben las podridas naciones capitalistas, encharcadas en la politiquería pluripartidista. Por eso el gobierno mantiene en la cárcel a Vladimiro Roca o condena a varios años al médico Elías Biscet, un bondadoso opositor casi ghandiano. Le da igual. No hay nada que ocultar. Castro ha comprobado que el precio que paga por la represión contra sus opositores casi nunca trasciende del plano retórico. Desde la pupila orgullosamente estalinista del régimen se trata de enemigos del pueblo. La verdadera democracia es la que se practica en Cuba, dice Castro desafiante y reiteran sus corifeos constantemente, con Ricardo Alarcón a la cabeza de ellos. «No hay alternativa al marxismo-leninismo», repiten como un *mantra* José Ramón Machado Ventura, José Ramón Balaguer y Raul Valdés Vivó en la *Escuela Superior del Partido «Ñico López»*. Son los encargados de velar por la ideología de la secta. Son los «ideólogos», algo que en este caso no quiere decir teóricos creativos, capaces de conceptualizar novedosamente, sino comisarios encargados de que nadie se mueva un milímetro de la línea oficial. Son sólo policías del pensamiento.

Las razones del cambio
¿Por qué Castro ha dado este giro? En realidad nadie debe sorprenderse. Hoy se siente seguro. Desde el primer momento anunció que las «aperturas» y las «concesiones» eran sólo coyunturales. No ha engañado a nadie. Lo dijo y lo reiteró veinte veces: en el momento en que la revolución recuperara el pulso, retornaría al punto de partida. Sus tres temores principales se han desvanecido y cree que ese momento ha llegado. Primero, ya no hay temor al colapso. La economía se ha estabilizado. ¿Qué quiere eso decir? Muy sencillo: la sociedad cubana ya encajó el golpe. Se acostumbró a vivir en unos nuevos niveles de miseria, y experimenta un lento crecimiento vegetativo. Ahora el país es considerablemente más pobre de lo que era en la década de los ochen-

ta, pero la sensación general es que «pasó lo peor». No es nueva esta experiencia. En los setenta, los cubanos, mucho más miserables que en el pasado, tuvieron que pagar las consecuencias de los disparates de los sesenta.

Con los ingresos de las remesas de los emigrantes, más los réditos del turismo, a lo que se suman algunas exportaciones —azúcar, níquel, tabaco—, agregados a otros ingresos *non sanctos* (lavado de dinero en la Banca oficial, doscientos millones por el uso de la Base de Lourdes que operan los soviéticos, unos cuarenta millones que genera el arrendamiento de esclavos profesionales a otros gobiernos o empresas privadas), alcanza para importar petróleo, ciertos alimentos básicos y algunas medicinas y fertilizantes. Es decir, lo suficiente para sostener el precario nivel de la población cubana, sin tener en cuenta, por supuesto, ni la depreciación de los activos ni las inversiones que un país moderno necesita para mejorar realmente la calidad de vida de la población. Castro ya tiene lo que necesita para procurarles a los cubanos una existencia oscura y sin esperanzas: ¿para qué necesita más? El país, día a día, se irá distanciando paulatina e insensiblemente del perfil técnico y científico de las naciones más desarrolladas, pero nada de eso le quita el sueño al Comandante.

El segundo temor tenía que ver con Estados Unidos. Aunque Castro sabe que desde la muerte de John Kennedy, a partir de noviembre de 1963, no hay en Washington planes serios para derribarlo, era natural que, ante la desaparición de la protección de la URSS, temiera un nuevo esfuerzo en ese sentido. Pero los dos periodos de Clinton —y especialmente el segundo— lo convencieron de que el único objetivo de Estados Unidos con relación a Cuba es evitar el éxodo salvaje de la población rumbo a tierras norteamericanas. Comprobada la indiferencia de sus vecinos, incluso la fatiga de la clase dirigente de Estados Unidos tras cuatro décadas de hostilidad, y totalmente seguro de que a quien gobierne en Washington le trae sin cuidado el tipo de sistema que impera en la Isla, retomar el modelo socialista no entrañaba el menor riesgo.

El tercer obstáculo superado era la oposición interna y externa. ¿Conseguirían sus enemigos de adentro y de fuera forjar una alianza con los «blandos» o «reformistas» de su gobierno? ¿Lograría esa alianza legitimidad y ayuda exterior hasta convertirse en un peligro parecido al que liquidó el comunismo en Hungría o en Polonia? ¿Se soliviantaría el ejército? Nada de eso sucedió: la oposición externa e interna se enfrascó en conflictos bizantinos («dialogueros» frente a «intransigentes», «moderados» contra «principistas»), mientras los pocos reformistas del gobierno —casi todos temblorosamente avecindados en el mundillo académico— fueron atemorizados hasta que sus voces dejaron de oírse o hasta que se sumaron al coro habitual (Rafael Hernández, por ejemplo). Los militares, a su vez, quedaron escarmentados tras las ejecuciones y la purga de 1989. Tienen tanto miedo como el resto de la población. La prioridad de los mandos altos y medios ya no es salvar la patria de una hipotética invasión yanqui ni conquistar el Tercer Mundo para la causa sagrada del socialismo. El plan de batalla hoy consiste en buscar dólares para mejorar la calidad de la menguada canasta familiar.

La comunidad internacional, por su parte, también aceptó el carácter inmodificable del comunismo cubano y se sentó cómodamente a esperar la muerte de Castro. Nadie —menos los cubanos, claro— parece tener prisa por ver el fin de la dictadura. Es como la lenta agonía de uno de esos enfermos terminales aquejados por una mala salud de hierro. Nada puede hacerse por salvarlos. Tampoco nada desean hacer por acelerar su muerte.

La revolución cubana de ahora en adelante
Salvados los principales escollos, Fidel Castro, con gran entusiasmo, ha vuelto a lo que él supone que es la política: la agitación callejera. Para Castro, política y alboroto son sinónimos. Sufre una variante leninista y pugnaz del síndrome

Fin de fiesta

de Peter Pan. No ha podido superar su turbulenta adolescencia y vive convencido de que su principal adversario es la inacción o la falta de enemigos. La atmósfera en la que mejor se siente es en el enfrentamiento. No ha hecho una revolución para mejorar el mundo, sino para seguir haciéndola. Más que un revolucionario es un revoltoso *hiperkinético* siempre a punto de gritar «*¡Ritalín o muerte!*». Cuando les dice a sus subalternos que deben priorizar el trabajo político por encima de cualquier otro, lo que les está comunicando es que congreguen a los cubanos para repetir consignas mitineras y para establecer algún punto de vista «revolucionario» que sustente la causa de turno. La causa de turno puede ser Elián, la oposición a la globalización, la Ley de Ajuste, el embargo. Cualquier cosa. Ayer fue la deuda externa, la estructura de la ONU o las multinacionales. Mañana serán otros los pretextos. De lo que se trata es que la población marche, aplauda y grite mientras Castro encabeza la muchedumbre. El Comandante cree que esa es la política. Más que el Máximo Líder es el Máximo *Cheer-Leader*.

La respuesta de casi todos los cubanos ante este nuevo espasmo revolucionario es una mezcla entre la impotencia y la total desilusión. En efecto, marchan, aplauden y gritan porque con esos signos externos de sumisión y acatamiento se evitan daños mayores. Es la liturgia salvadora. Sin embargo, secretamente sueñan con largarse del país o con poner a salvo a sus hijos de tanto absurdo, de tanta sinrazón. Y esa reacción no es sólo propia de los opositores. Desde el primer círculo de poder hacia abajo la mayor parte de la jerarquía revolucionaria también comparte la misma sensación de frustración y desaliento. También tratan de salvar a sus hijos y familiares, colocándolos discretamente en el extranjero, bajo el previo compromiso de que se hagan invisibles.

¿Cómo lo hacen? Aprovechan sus contactos con los visitantes extranjeros y saquean al patrimonio nacional. Uno de los más destacados jerarcas revolucionarios sacó medio millón de dólares en cuadros valiosos y le montó a su hijo un restaurant en Europa. Luego pronunció un hermoso discurso sobre la patria revolucionaria y el majestuoso ejemplo de Fidel. Otros les consiguen becas universitarias fuera de Cuba o trabajos en empresas que tienen algún tipo de interés dentro de la Isla. Puro tráfico de influencias. Los muchachos suelen salir con libros valiosos en sus maletas, o con obras de arte, que luego venden en el extranjero. A veces, como tienen acceso a dólares, los *mayimbes* les «compran» ese destino a sus hijos. Por ocho o diez mil dólares logran que un italiano o un español con las conexiones adecuadas le procure al hijo o hija un puesto de trabajo o la posibilidad de realizar un misterioso «Master» en alguna universidad extranjera. En algún caso, en un claro ejemplo de corrupción, se premia al extranjero amante de la hija y futura tabla de salvación de la familia, con una asesoría pagada en dólares a cuenta del Estado cubano.

    El cinismo y el doble lenguaje a veces se mantienen hasta dentro de la intimidad del hogar. Conozco el caso de un importante general —uno de los más represivos— que antes de «salvar» a su hija del paraíso que él había ayudado a construir le hizo repasar el guión como si fuera una obra de teatro: «¿Si te preguntan qué haces en el extranjero qué debes contestar?». «Que me preparo para más adelante defender la revolución, papi», contesta la muchacha. Es una buena chica. Quiere a su padre, pero odia profundamente a la revolución. «¿Y por qué no te vas tú también, papi?», pregunta. «Porque yo estoy muy viejo y tengo que morirme con esta mierda. Ya es muy tarde para cambiar», le responde el general con tristeza. Los hijos de la *nomenklatura* situados en el exterior, cientos de jóvenes generalmente bien educados, atrapados entre el cariño y la lealtad a sus padres, de una parte, y el rechazo a la revolución, por la otra, resuelven su dolorosa disonancia con el silencio. A su manera, son también víctimas de un sistema de terror capaz de pasar las fronteras. Son víctimas, claro, de baja intensidad.

Colofón

¿En qué va a parar este triste espectáculo? Por ahora, en un creciente deterioro moral y físico de la nación cubana. El entorno material se irá degradando con cada aguacero que inunde las ciudades, con cada huracán que estremezca los campos y derribe casuchas y edificios, con el implacable desgaste del sol tropical. El país se deshace, o se «desconstruye», como les gusta decir a los palabreros. En el terreno ético ocurrirá más o menos lo mismo: la mala conciencia que genera el doble lenguaje irá aumentando el malestar sicológico de la población. Unos, somatizarán esas contradicciones en forma de angustias. Otros, convertirán la huida en una dolorosa obsesión. Todos, más impotentes que resignados, esperaran impacientes la muerte del caudillo. Suponen que entonces comenzará a amanecer. Nunca un cadáver ha sido aguardado con tanta ansiedad.

Un futuro posible
Once medidas fundamentales para lograr una transición exitosa hacia la democracia y la prosperidad*

A la memoria de mi amigo Jesús Díaz

En junio de 2002 la *Asamblea Nacional del Poder Popular Cubano* aprobó unánimemente el carácter "intocable" del modelo político cubano. Poco después, desde Canadá, un alto ex funcionario del gobierno de Castro, el profesor Juan Antonio Blanco, escribió un comentario irónico en el que mostraba su sorpresa ante la adopción por parte de Castro de esa visión "fukuyamista" que decretaba el fin de la historia para los habitantes de la Isla. De acuerdo con la reforma constitucional impulsada por Castro, Cuba será un estado comunista de partido único y propiedad colectiva hasta el fin de los tiempos, independientemente de las circunstancias nacionales e internacionales o de las consecuencias que ese modelo político económico les traiga a los cubanos, algo, por cierto totalmente ajeno al carácter dialéctico que se le atribuye al pensamiento marxista.

En realidad, esta reforma se parece a la famosa orden dada al mar por el rey danés Canuto, mediante la cual le prohibía al océano que continuara la tormenta que obstaculizaba la navegación de su flota. O recuerda la optimista promesa de un milenio de felicidad continua que le aseguraba Hitler al Tercer Reich. Puro *wishful thinking*. La verdad es que un régimen que tiene una base de sustentación material tan débil como la que proporciona el colectivismo castrista,

---

*Conferencia pronunciada en Miami en el seminario de ASCE, agosto de 2002

Un futuro posible

que se mueve a contramarcha de la historia, y que ha sufrido el tremendo desgaste de más de cuatro décadas de disparates, arbitrariedades y abusos de poder, está condenado a desaparecer tan pronto como los mecanismos represivos dejen de ser eficaces y se abran paso el sentido común, la sensatez y, por qué no, el patriotismo de una clase dirigente desmoralizada por los embates de la realidad.

El cambio y la voluntad política
Supongamos, pues, que a Cuba, como les sucedió a todos los países comunistas de Occidente, o como les ocurrió a las dictaduras latinoamericanas, le llega la hora del cambio, e imaginémonos una serie de hechos posibles.

Comencemos por definir cuál es "la hora del cambio". Es ese punto en el que la clase dirigente, explícita o tácitamente, admite el agotamiento del modelo político que la ha mantenido en el poder con carácter exclusivo, decide ampliar los márgenes de participación de la sociedad en busca de mayor legitimidad, y reconoce el derecho de la oposición a participar en el debate nacional y a figurar dentro de las instituciones del Estado. Es lo que ocurrió en la URSS la tarde histórica en que Gorbachov, finalmente, descolgó el teléfono y llamó a Sajarov. Es lo que sucedió en España, Brasil, Uruguay, Argentina o Chile, en la derecha del espectro político, o en Hungría, Polonia, Checoslovaquia y casi todo el resto de los países comunistas de Europa central.

Como regla general, en esos casos lo que ha sucedido es que, al existir voluntad política, el poder legislativo, orientado por los líderes oficialistas de más peso, han reformado la legislación vigente para abrir espacio a la oposición hasta hacer posible la transición. En Cuba pudiera ocurrir algo similar: como la Constitución de 1976, reformada en 1992 y "congelada" e "intocable" en el 2002, permanece llena de contradicciones y ambigüedades, los diputados pueden aceptar a trámite y aprobar una petición de apertura semejante al Proyecto Varela y de inmediato dar inicio a un vertiginoso proceso de cambios que, en su momento, con toda probabilidad culminaría en una democracia plural y en un modelo económico abierto.

Esto parece difícil, pero la experiencia demuestra que no lo es. En realidad, lo asombroso es que no suceda. Como en los sistemas totalitarios los parlamentos no son otra cosa que avalistas rutinarios de las decisiones que toman los líderes políticos, los diputados están acostumbrados a obedecer ciegamente la voz de los que mandan, y de la misma manera que hace unas semanas, enfervorizados y por unanimidad, votaron la prolongación sin fin del comunismo, llegado su momento sancionarían lo contrario: son las paradójicas ventajas de las dictaduras sometidas a la ausencia de libertad de conciencia. La mayor parte de sus personeros se vuelven convenientemente dóciles, actitud que facilita los cambios. A ello habría que agregar el curioso fenómeno de revitalización de las instituciones cuando desaparece el caudillo que las mantiene aherrojadas. La ANPPC, el PC o la CTC, que hoy son meras correas de transmisión de la autoridad sin límite de Castro, desaparecido éste albergarán criterios diferentes y se oirán voces reformistas a favor de la apertura.

En España, por ejemplo, poco antes de la muerte de Franco, el totalitarismo se resquebrajó seriamente cuando la "Ley de Asociaciones Políticas", promulgada para facilitar la transformación del sistema, permitió la inscripción de entidades que eran, en realidad, protopartidos disfrazados que vulneraban el principio de exclusividad que otorgaba todos los privilegios al "Movimiento". En Cuba, en el momento en que la ANPPC decida abandonar su absurdo inmovilismo, se puede aceptar la existencia legal de organizaciones civiles independientes y reconocerles el derecho de libre reunión y expresión, admisión que, por cierto, consagra la Constitución. Al mismo tiempo, la ANPPC puede decidir dejar de obstaculizar la participación de los demócratas en la vida pública y aceptar o hasta estimular la postulación de personas que sustentan ideas diferentes a las que sostienen los comunistas. Algo así sucedió en Polonia, y en las primeras elecciones libres la oposición ocupó casi todos los escaños

Un futuro posible

del Parlamento. El fenómeno puede repetirse en Cuba. Todo es cuestión de que, producto de una actitud madura, en la cúpula dirigente poscaudillista surja la voluntad política que se necesita para enterrar organizadamente y sin violencias un periodo superado de la historia cubana.

Supongamos, en fin, que es por esa vía por la que llegan los cambios a la sociedad cubana. Los demócratas de la oposición se organizan, ganan las elecciones y ocupan la jefatura de las instituciones del Estado. En el proceso, presumiblemente, han pactado los cambios con numerosos reformistas procedentes del Partido Comunista, que en ese momento han derivado hacia posiciones mucho más razonables y aperturistas, cercanas a la socialdemocracia y respetuosas de los Derechos Humanos. Los comunistas intransigentes, atrincherados en la vieja visión antioccidental, quedan relegados a un cinco por ciento del favor popular, como ha sucedido en casi todas partes. Dotados de una clara mayoría parlamentaria, la nueva fuerza propone una serie de enmiendas a la Constitución para poder realizar los cambios; éstos se aprueban, se someten a referéndum y comienza la transición.

Como parte de la negociación, y decididos a que el peso del pasado no destruya la nueva etapa que se inicia, se pacta, como en Uruguay, una generosa ley de amnistía para todos los delitos cuyo origen haya sido la militancia política, y se fija la fecha del 10 de marzo de 1952 como punto de partida del acuerdo de "olvido y punto final". La ley se vota también en referéndum, de manera que cuente con una amplia base de legitimidad democrática por el apoyo directo de la ciudadanía.

¿Qué hacer?
Se inicia la transición. Todo equipo de gobierno que llegue al poder deberá tener una clara idea de cuáles son sus objetivos —la "gran meta"—, qué medios posee para alcanzarlos, de cuánto tiempo dispone, cuáles son los factores positivos y negativos que tendrá que enfrentar, qué medidas pueden

garantizarle el éxito de la gestión y con qué personas cuenta para ejecutar el plan de gobierno. Gobernar seriamente dentro de los principios democráticos es eso: tener una clarísima visión estratégica de adónde se quiere llegar, conocer de antemano qué medidas conducen en esa dirección, poseer flexibilidad táctica e imaginación para sortear los obstáculos y aprovechar las oportunidades imprevistas, y capacidad para explicar y persuadir, de manera que las decisiones cuenten con el respaldo y la aprobación de las grandes mayorías.

Establecer la gran meta
¿Hay manera de definir en una oración en qué debe consistir la gran meta cubana poscastrista? Por supuesto: hay que invertir las relaciones de poder. ¿Qué quiere decir eso? Que el totalitarismo castrista se caracteriza por ser una estructura vertical en la que un caudillo, rodeado de un pequeño grupo de partidarios, tiene la iniciativa y el control sobre todas las actividades que realiza el conjunto de una sociedad destinada a obedecer en silencio. Naturalmente, es en ese modelo de autoridad "descendente", acrítico, generador de camarillas refractarias a cualquier vestigio de meritocracia, donde radica el origen de la ineficiencia, la corrupción y la injusticia que perfilan la dictadura cubana. Así que, en el plano más amplio, la tarea fundamental de la transición consiste en crear un modelo de autoridad "ascendente", donde el poder resida en el conjunto de los ciudadanos, y los políticos y funcionarios se limiten a obedecer la voluntad de la sociedad y a cumplir las leyes con el ademán humilde de los verdaderos servidores públicos.

Explicar persuasivamente el marco teórico
Obviamente, esa inversión de las relaciones de poder debe ir acompañada de un vasto proceso de información y debate sobre las causas y condiciones del desarrollo sostenido y sobre los rasgos e instituciones que caracterizan a las socieda-

Un futuro posible

des más exitosas y pacíficas del planeta. Los cubanos deben llegar a entender racionalmente por qué se han vuelto tan pobres, cómo pueden dejar de serlo y por qué fracasó el comunismo. Esa campaña, claro, no debe contener nada que recuerde el adoctrinamiento ni la pasión ideológica, sino debe ser, simple y llanamente, una apelación a la razón, al sentido común y a las lecciones de la experiencia: pura y transparente educación. Tarea tremendamente importante, dado el grado de confusión y desinformación que deja como herencia el marxismo-leninismo, grave error intelectual que, en el caso cubano, además, va acompañado de una arbitraria interpretación de la historia del país, de una visión delirante del papel de Cuba y de una hostilidad patológica contra Estados Unidos y el mundo desarrollado. Hay, pues, que reconciliar a los cubanos con el modelo político y económico en el que la sociedad poscastrista debe desempeñarse, y esto requiere, como es lógico, una formulación teórica convincente que acompañe día a día el proceso de transición.

Adecuar, crear o fortalecer las instituciones de Derecho
El primer gobierno de la transición debe entender que una de sus tareas prioritarias es la creación de las instituciones de Derecho que potencien el cambio pacífico y la generación de riqueza. Sin seguridad jurídica nada de eso es posible. Por definición, todo periodo de cambio intenso genera desconfianza e incertidumbre, estados emocionales que conducen a la parálisis y a la renuncia a formular proyectos de largo aliento. Sabemos, sin embargo, que el éxito económico de cualquier sociedad se deriva, en gran medida, de la posibilidad de sostener ciclos continuados de ahorro-inversión-más ahorro y así incesantemente. Pero para que este proceso constante de acumulación de capital pueda darse, para que las personas difieran para otros tiempos la satisfacción de gastar y consumir a cambio de la promesa de un mejor futuro, primero hay que creer en esa posibilidad, lo que exige la adopción de reglas claras y justas, garantías para la propiedad y modos eficientes de dirimir los inevitables conflictos.

Todo esto exige la promulgación de leyes capaces de sustentar un sistema de economía libre, con Registros de Propiedad transparentes y jueces bien formados, a los que seguramente será necesario educar con urgencia dentro de la tradición occidental de la independencia de los poderes y la sujeción exclusiva a la majestad de la ley.

Transferir la propiedad de los medios de producción a las personas
Dotados de las correctas instituciones de Derecho, y decididos a establecer como relación de poder el modelo de "autoridad ascendente", ése en el que las personas son los verdaderos dueños de su destino, debe propiciarse una muy recomendable primera medida jurídico-económica que consiste en transferir rápidamente a manos de los cubanos la mayor parte de las empresas que hoy están en poder del Estado. O sea, hay que privatizar con los propios trabajadores cubanos esa enorme cantidad de destartaladas unidades de producción de bienes y servicios que hoy controla y posee el Estado, exceptuando las grandes que requieran enormes inyecciones de capital, de tecnología y de gerencia especializada para funcionar eficientemente. Pero privatizar, dentro de este esquema, no es constituir cooperativas de espíritu colectivista, sino quiere decir convertir a las empresas en compañías por acciones y vender en condiciones asequibles o entregar esos títulos de propiedad a los trabajadores para que ellos, convertidos en dueños, elijan a sus directores, decidan cómo las van a sacar adelante, con quiénes se quieren asociar y cómo piensan progresar en el futuro.

Desde el punto de vista económico esta forma de privatización del parque empresarial cubano es una medida sensata, pero desde el ángulo político y emocional resulta aún más importante. Durante mucho tiempo el castrismo, empeñado en prolongar el colectivismo sin tregua ni fin, ha insistido una y otra vez en que un cambio de sistema convertiría a los trabajadores cubanos en esclavos de capitalistas desalmados que llegarían como una manada de lobos a explotarlos, pero si los cubanos comprueban que es al revés, que el cambio los convierte en propietarios y les confiere una riqueza por la cual luchar, la inmensa mayoría va a cooperar gustosa y esperanzadamente con la transición.

Naturalmente, una vez transferida la propiedad, una empresas triunfarán y saldrán adelante, otras se transformarán y un tercer grupo fracasará, pero la economía de mercado y la creación de riquezas descansan, precisamente, en ese juego de tanteo y error, de éxito y fracaso, de esfuerzo y competencia, en el que las personas asumen la responsabilidad de sus vidas y luchan por mejorar las condiciones de su existencia. Más de cuatro décadas de paternalismo menesteroso son suficientes para entender que el tipo de dependencia del Estado que preconiza el socialismo constituye una perversa rémora enemiga del progreso. Es verdad que en el proceso de repotenciación del individualismo surgirán líderes empresariales natos y "capitanes de industria" que probablemente se enriquecerán más que la media, y que también comparecerán personas poco creativas, pusilánimes, ociosas, o, a veces, simplemente desdichadas, y no es falso que de estas diferencias sicológicas y emocionales surgirán desigualdades en el producto que unos y otros obtendrán por su trabajo, pero habrá que comenzar por admitir que la búsqueda de la igualdad no es un objetivo de las sociedades libres que cultivan el sentido de la responsabilidad individual.

Para entender mejor lo que quiero decir vale la pena repetir aquí la gráfica frase atribuida a un líder político chino, defensor en su país del abandono del colectivismo: "para evitar que unos cuantos centenares de chinos anduvieran en *Rolls-Royce* condenamos a cientos de millones a desplazarse para siempre a pie o en bicicleta". Ello no quiere decir que el Estado democrático y capitalista debe olvidarse de la suerte de los más pobres —en ninguna nación los pobres poseen más mecanismos de protección que en las veinte naciones capitalistas más desarrolladas del planeta—, sino que se sabe con toda certeza que una de las razones que mejor explica la incapacidad de los modelos socialistas para progresar es la conversión del Estado en un organismo productor, asignador y distribuidor de riquezas.

Entregar la propiedad de las viviendas a quienes las habitan
Lo que es conveniente con los medios de producción resulta aún más obvio con las viviendas. La propiedad de las viviendas debe ser entregada de manera resuelta y sin ambages a las familias que las habitan. Ser propietarios de pleno derecho del techo que los cobija conferirá a los cubanos una cierta tranquilidad y los dotará de capital. Si sabemos que el precio promedio de la vivienda en América Latina es de unos treinta y cinco mil dólares, y si pensamos que la escasez crónica de vivienda en Cuba impulsará los precios al alza, es posible convencer a todas las familias cubanas de que se iniciarán en la etapa de las libertades políticas y económicas con un capital notable que podrán convertir en líquido o utilizar como aval para emprender aventuras comerciales tan pronto como florezca el mercado. Es verdad que se presentarán muchas situaciones ambiguas en las que los tribunales tendrán que decidir rápidamente, pero es preferible dar una solución tajante que empantanar al país en un sinfín de pleitos relacionados con la adjudicación de las propiedades.

Compensar a los antiguos propietarios
Las medidas anteriores, tanto la privatización de las empresas como la adjudicación de las viviendas a sus moradores, nos precipita a la inevitable cuestión de los antiguos y legítimos propietarios, nacionales y extranjeros, injusta y violentamente despojados de sus bienes por la dictadura. Naturalmente, la República tiene que reconocer el daño que se les hizo y debe pactar con ellos una compensación justa, para lo cual probablemente haya suficientes recursos disponibles en el producto de las privatizaciones de las grandes empresas, o acaso con la creación de un fondo nacional destinado a corregir estos atropellos. Pero el principio importante que hay

que establecer consiste en admitir que no puede fundarse un Estado de Derecho sano y respetable si se ignoran los justos reclamos de un número notable de ciudadanos que fueron inicuamente despojados de bienes legítimamente adquiridos. Reconocer y afrontar estas obligaciones será transmitir un mensaje de seriedad y seguridad no sólo a los cubanos, sino a toda la comunidad económica internacional.

Liberalizar totalmente el comercio
Durante muchas décadas los cubanos han vivido la experiencia empobrecedora del Estado colectivista, dueño y señor de todas las iniciativas económicas, represor y enemigo de una de las mayores virtudes de esa sociedad: su carácter imaginativo y emprendedor. Esos cubanos, que hoy, dentro de la Isla, exhiben el menor índice de generación de riquezas de toda Hispanoamérica, una vez trasladados al exterior son creadores natos de empresas, como se demuestra entre los emigrantes de esta procedencia radicados en Estados Unidos, quienes poseen el mayor porcentaje de empresas propias entre todos los hispanos avecindados en la nación americana.

Frente a ese virtuoso rasgo de la mentalidad social de los cubanos, el castrismo optó por la represión, creando y aplicando profusamente leyes contra "el ejercicio ilícito del comercio", denigrando a "bisneros", "merolicos" y "macetas", mientras se satanizaba cualquier transacción privada entre personas que deseaban intercambiar bienes o servicios por mutua conveniencia, base del desarrollo desde que la humanidad se hizo sedentaria y comenzó a prosperar civilizadamente.

Naturalmente, como una señal de los nuevos tiempos, a la mayor brevedad, y como parte de la creación del modelo de "autoridad ascendente" que se intenta poner en vigor, el gobierno de la transición debe autorizar y alentar prácticamente todas las transacciones comerciales que libremente pacten las personas, restableciendo la respetabilidad del comercio y las actividades empresariales privadas como elementos fundamentales de la prosperidad de los pueblos. Si el lema no oficial del castrismo fue "todo está prohibido menos lo que resulta obligatorio", el de la democracia, las libertades económicas y el "poder ascendente" debe ser "todo está permitido, menos lo estrictamente prohibido".

Dolarizar la economía
En todo caso, para que todas estas decisiones jurídico-económicas no sean un ejercicio retórico vacío, es fundamental que la sociedad cubana realice sus transacciones en una moneda fuerte y estable, con gran poder adquisitivo, segura y confiable, y ¿cuál mejor que el dólar norteamericano? Al fin y al cabo, desde hace años, al menos desde el punto de vista psicológico y como unidad de cuenta, los cubanos ya han adoptado el dólar. De lo que se trata es sólo de establecer un valor cambiario —diez o veinte por uno, el que sea—, recoger la masa monetaria cubana y cambiarla por dólares. Casi con toda probabilidad Estados Unidos, convencido del factor estabilidad que de ello se deriva, contribuirá a prestar la cantidad necesaria —pocos cientos de millones— para dotar a los cubanos de ese necesario signo monetario. Desde la perspectiva norteamericana resultará tranquilizante que los cubanos puedan ganar y ahorrar dólares en la Isla sin tener que trasladarse clandestinamente a Estados Unidos. Por otra parte, Cuba sería el cuarto país dolarizado de América Latina: Panamá, Ecuador y El Salvador lo han hecho antes. Argentina lamenta no haberlo hecho a tiempo.

Para los cubanos, desde un punto de vista psicológico, se trataría de un paso fundamental. Esto pondría fin a varias injusticias tremendas. En primer término, acabaría con el atraco de un modo de remuneración como el actual, que les paga a los trabajadores en pesos inservibles y les vende en dólares todo lo que vale la pena consumir. En segundo lugar, terminaría ese indigno sistema de *apartheid* que encierra en guetos privilegiados a quienes tienen dólares y margina a quienes no los poseen. Además, sería un incentivo para fo-

Un futuro posible

mentar el ahorro, una manera de evitar la inflación y un enorme atractivo para los inversionistas y comerciantes extranjeros que, al acudir a la Isla, no corren el riesgo de las devaluaciones, tan frecuentes en América Latina.

Es cierto que muchas personas piensan que una moneda subvaluada es un estímulo a las inversiones y a las exportaciones, pero si existieran algunos beneficios en poseer una moneda dotada de escaso valor, los perjuicios que ello presenta son infinitamente mayores. El objetivo de la Cuba futura no puede ser que la mano de obra cubana sea "barata", sino agregar valor a la producción y aumentar la productividad para que los cubanos reciban salarios decentes con los que puedan adquirir muchos bienes y servicios, sus propiedades tengan un valor alto, los ahorros no se devalúen, y las jubilaciones mantengan su poder adquisitivo. No nos engañemos: la moneda devaluada y "barata" es otra forma de enmascarar la pobreza.

Admitir generosamente la doble ciudadanía
La transición en Cuba llegará en pleno auge de la tendencia jurídica internacional a la múltiple ciudadanía. Los ciudadanos de los quince países de la Unión Europea, ya cuentan, de hecho y derecho, con una ciudadanía internacional. Incluso un país legendariamente nacionalista, como México, ya admite la doble nacionalidad para casi todos los efectos. En el caso de los cubanos resultará extremadamente útil y rentable para la Isla que el primer gobierno de la transición les otorgue esa posibilidad a los más de dos millones de cubanos y descendientes de cubanos que viven en el exterior de Cuba, así como a las personas con las que éstos se han vinculado en matrimonio.

Es muy sencillo: muchas de estas personas tienen lazos afectivos que los inclinan a regresar a la Isla de manera permanente o esporádica, y decenas de miles de cuentan también con capitales y conocimientos que pueden servir para estimular el progreso de los cubanos dentro de la Isla. Los estudiosos de la historia del capitalismo saben la importancia extraordinaria y muy positiva que tuvieron las juderías en la expansión del comercio mundial a partir del siglo XV. Los cubanos de la diáspora, situados en el sur de la Florida, en New York, en New Jersey, en Los Ángeles, en Madrid, en San Juan, en Caracas, etcétera, con miles de conexiones financieras e industriales, que hoy abarcan lugares tan diversos como Rusia, la República Checa o Polonia, son una fuente potencial de riqueza inmensa e inagotable para la Isla. Pero para que este tesoro demográfico dé sus mejores frutos, es muy conveniente que estas personas se sientan afectuosamente integradas a una nación cubana que les abre los brazos, los trata exactamente igual que al resto de los ciudadanos, y reconoce su particularidad —la posesión de dos ciudadanías— como una ventaja de la que todos se van a beneficiar. Por otro lado, estimular una suerte de nacionalismo antiemigrante y sembrar la división entre los cubanos de "adentro" y los de "afuera", como reza la vieja expresión, más que un crimen es una imperdonable estupidez.

Mantener y transformar las "conquistas" de la revolución
La gran coartada teórica de la revolución son sus extendidos sistemas de salud y de enseñanza. Y, ciertamente, hay elementos muy positivos en ambos, aunque los dos servicios en la última década, como consecuencia del fin del subsidio soviético, muestren un creciente deterioro. No obstante, es verdad que la escuela y el hospital hoy cubren casi todo el territorio nacional y una parte sustancial de la sociedad piensa que éste es un logro que debe conservarse contra viento y marea.

La Cuba de la transición debe tener en cuenta esa legítima aspiración de los cubanos, pero el gobierno debe advertirles que para sostener esos servicios públicos adecuadamente es necesario producir la cantidad de riqueza que ello requiere. Lo que se transforma en un buen argumento para enterrar la revolución comunista, dado que con ese torpe modelo de producción no se pueden sostener los "logros"

Un futuro posible

conseguidos cuando Cuba formaba parte del mundo comunista y la Isla era protegida por la URSS.

Asimismo, como la "gran meta" de la Cuba postotalitaria es darle a la sociedad el control de las actividades y quitárselo a los burócratas, sería muy recomendable que las escuelas y hospitales de ciertas dimensiones se convirtieran en entidades autónomas conjuntamente gestionadas por los usuarios que utilizan sus servicios y por los profesionales que los administran, de manera que quienes tienen que tomar las decisiones estén muy cerca de los afectados por ellas y tengan que rendirles cuenta. De lo que se trata es de descentralizar la administración de los servicios públicos para hacerlos más eficientes.

Simultáneamente, debe estimularse el surgimiento de escuelas, universidades y sistemas hospitalarios privados para que se establezca una suerte de sana competencia. Los cubanos bien informados no ignoran que dos de los logros más interesantes de la Cuba precomunista fueron, precisamente, los sistemas privados de salud y de educación. Revivir esa tradición reducirá el costo de los servicios públicos y fomentará el surgimiento de una industria de salud capaz de absorber el exagerado número de médicos y empleados sanitarios graduados durante la etapa comunista. Por la cercanía a Estados Unidos y por la bien ganada fama de los médicos cubanos, la Isla puede convertirse en un destino importante dentro del turismo-de-salud y en la residencia habitual de decenas de miles de jubilados cubanoamericanos que encontrarían en su país de origen cuidados parecidos a los que se ofrecen en Estados Unidos, pero en condiciones económicas más accesibles.

Reestructurar las Fuerzas Armadas y los órganos de Seguridad
Una Cuba democrática no necesita unas Fuerzas Armadas parcialmente calcadas del modelo soviético, tal y como las que posee el país. La Isla, sin enemigos naturales, con buenas relaciones con todos sus vecinos, y, una vez abandonada para siempre la etapa aventurera que llevó a África a los jó-

venes cubanos a la guerra más larga jamás librada por un ejército de América, lo conveniente es terminar con ese costoso aparato militar dotado de aviones, tanques de guerra y piezas de artillería, y sustituirlo por un cuerpo capaz de mantener el orden, impedir la subversión insurreccional y combatir el delito común. Es lo que hicieron los panameños tras el fin del norieguismo y lo que los costarricenses iniciaron a fines de los cuarenta cuando la revolución de Figueres convirtió, ahí sí realmente, los cuarteles en escuelas.

El nuevo país tampoco necesita una policía política omnipresente y vigilante que atemorice a los cubanos, como sucede con ese Ministerio del Interior formado por el viejo KGB y la Stasi. Ese aparato tiene que transformarse en una policía técnica, sin connotaciones ideológicas, dedicada a combatir los crímenes a perseguir los delitos y a transmitirle a la ciudadanía una sensación de seguridad sin la cual será muy difícil enrumbar el país.

En efecto: mantener el orden público y garantizar la vida es la prioridad de cualquier Estado, y durante las transiciones existe un alto riesgo de que se multipliquen las conductas delictivas y proliferen las mafias, como hemos visto en Rusia, en Albania o en Rumanía. Cuba, además, por su posición geográfica, será un imán para las pandillas traficantes de droga, lo que aumenta exponencialmente este peligro. Ese fenómeno sería terriblemente destructivo para la reconstrucción de Cuba y hay que evitarlo a toda costa. Afortunadamente, es muy probable que un porcentaje muy alto de los experimentados militares y policías que hoy sirven al Estado totalitario puedan reciclarse dentro de las nuevas instituciones militares y policíacas que segregue la democracia, adaptando su comportamiento a un tipo de Estado respetuoso de los Derechos Humanos y las libertades individuales. Al fin y al cabo, ese fenómeno de readaptación se ha visto en países como España o Hungría.

En todo caso, no es inconveniente recordarles a muchos profesionales de la milicia y la inteligencia cubanos que una sociedad libre y abierta les traerá la oportunidad de crear

Un futuro posible

compañías privadas de seguridad que tendrán su muy útil espacio en el país y aún en el terreno internacional. De la misma manera que muchos ex miembros de la CIA, del KGB o del Mosad constituyen exitosas empresas privadas para legítimamente dar protección a empresas y gobiernos, los militares y policías cubanos también gozan del raro prestigio de ser siniestramente eficientes, curioso *goodwill* que tiene una notable cotización en el violento mundo en que vivimos. O sea: que el fin de la dictadura comunista, para las personas inteligentes y emprendedoras no debe ser el inicio de una catástrofe, sino el comienzo de una vida prometedora.

Nota final
Cuba, si los cubanos queremos, tiene por delante un espléndido futuro. El país cuenta con una impresionante masa de buenos profesionales, y entre ellos decenas de miles de ingenieros, médicos e investigadores. Ya poseemos el "capital humano". Hay que fomentar el "capital social" —una masa crítica de ciudadanos dotados de virtudes cívicas y sentido de la responsabilidad individual y colectiva—, pero ésa será una de las tareas de la transición. No obstante, el notable capital humano con que contamos garantiza nuestra capacidad potencial de agregarle valor a la producción ofreciendo bienes y servicios complejos y valiosos tan pronto la libertad económica y los vínculos con el capital y la tecnología puntera del Primer Mundo se abran paso y lleguen masivamente a la Isla. Nuestra nación no tiene por qué seguir siendo un pobre país azucarero o tabacalero. No es verdad, como dice Fidel Castro, que el capitalismo que "nos asignarán" las grandes potencias es el de Haití. Los pueblos tienen la posibilidad de elegir su destino sin imposiciones foráneas. En 1959 Cuba era tan rica como Singapur. Cuatro décadas más tarde los singapurenses tienen muchas veces el per cápita de los cubanos. Ningún poder trató de mantener a los singapurenses en el subdesarrollo, como ninguno les hizo una canallada parecida a Taiwán, Corea del Sur o Hong Kong. Y si estos ejemplos pudieran parecer remotos, refirámonos a es-

pañoles y chilenos, dos pueblos de nuestra estirpe que han dado el salto a la modernidad y el progreso.

Los pueblos pueden liquidar las viejas tendencias económicas. La vecina isla de Puerto Rico, que hasta los años cuarenta del siglo XX tenía una estructura productiva parecida a la de Cuba, hoy, con apenas una cuarta parte de la población, exporta más de treinta mil millones (diez veces las exportaciones cubanas) y es una sociedad notablemente industrializada con grandes empresas farmacéuticas y bioquímicas. Claro que eso se debe, en parte, al acceso irrestricto al mercado norteamericano, ¿pero puede alguien dudar que a una Cuba libre, a corto plazo, le darán parecidas oportunidades de integración económica? Si algo intentará Estados Unidos es fomentar la prosperidad y el pleno empleo en la Isla, y no necesariamente por las pulsiones altruistas de la sociedad americana sino para evitar las emigraciones clandestinas masivas.

El turismo, que hoy ya es una de las primeras fuentes de ingreso de la Isla, acaso sólo superada por las remesas de los exiliados, también tiene un futuro brillante. En primer término, están esos dos millones de cubanos radicados en el extranjero que tendrán en la Isla una segunda casa, creando de inmediato un tráfico formidable de viajeros constantes. En segundo lugar, existen las enormes posibilidades potenciales de desarrollar *marinas* —al menos doce grandes y ocho pequeñas han identificado los especialistas españoles, situadas a lo largo de las dos costas cubanas— para albergar a los cientos de miles de grandes yates que recorren la zona gastando notables cantidades de dinero. Y luego están las poblaciones de Norteamérica y Europa. Cuba puede ser en el Caribe lo que es Mallorca en el Mediterráneo: el paraíso de veinte millones de turistas. Y no es verdad, como advierte Fidel Castro, que eso conlleva un costo moral. Mallorca, que recibe esa cifra de visitantes, es una de las ciudades españolas con menos prostitución y menos enfermedades venéreas. ¿Por qué en Cuba suceden las cosas de otro modo? Porque en el actual sistema cubano, suma de todos los absurdos, la

Un futuro posible

sociedad sólo puede beneficiarse del turismo si comete alguna suerte de delito, mientras los mallorquines se benefician directamente de realizar todo tipo de transacciones comerciales con estos viajeros, lo que ha provocado que estos isleños sean los españoles con mayor renta per cápita de toda la nación, superando, incluso, la media de la Unión Europea.

No hay duda: una Cuba democrática, razonablemente gobernada, en la que la sociedad haya asumido el papel preponderante como creador de riquezas, en el plazo de una generación puede saltar al primer mundo, como en su momento hizo España. Una Cuba sosegada, organizada como un verdadero Estado de Derecho, libre en el terreno político y económico, puede crecer a más del 10 por ciento anual durante diez o quince años hasta incorporarse a la locomotora del planeta. ¿Hay que contar otra vez la historia de Taiwán o de Corea del Sur? Si alguna enseñanza nos dejó el siglo XX es que el desarrollo y la prosperidad están al alcance de cualquier pueblo que haga su tarea correctamente. Sólo queda por dilucidar si los cubanos tienen la madurez suficiente para dar el salto. Sólo queda por averiguar si ya estamos fatigados de cometer errores y finalmente nos hemos decidido a crear un país rico, pacífico y acogedor en el que valga la pena criar a nuestros hijos y soñar con un futuro cada vez más brillante y hospitalario.

Cavilaciones para el entierro de Fidel Castro

Cuando Carlos Lage, el vicepresidente segundo del gobierno, vio tambalearse a Fidel Castro, se le puso la carne de gallina: empezaba a sentir el insoportable peso de los caudillos. Pese a su empleo de abrumado administrador del manicomio cubano, se trata de un médico que estudió la carrera con toda seriedad. Era un derrame. Otro derrame. El cuarto, según la apresurada cuenta que entonces le vino a la memoria. Podía ser el último. Y si no lo era, de este espasmo arterial, como de los anteriores, el cerebro del Comandante saldría más lento y golpeado, su lenguaje sería más estropajoso, su carácter más colérico e impredecible. La nipodipina, que toma a pasto, ya le hacía poco efecto.

Pero cuando Lage llegó a su casa y reclinó la cabeza en la almohada, sintió una sensación extrañamente ambigua: la muerte de Fidel Castro lo atemorizaba, pero, al mismo tiempo, la deseaba. ¿Por qué? Porque las relaciones entre los caudillos iluminados y sus subordinados inmediatos son muy complejas y están basadas en la clásica paradoja del amor-odio. Al caudillo se le deben los honores y la relevancia social, pero, a cambio de estos atributos, quienes le sirven deben entregarle cualquier vestigio de autonomía emocional. Hay que repetir fielmente las palabras del caudillo, asentir cuando ellos opinan, callar cuando se difiere, informar puntualmente de lo que pregunten, y Castro, como buen paranoico, pregunta mucho, inquisitorialmente, mirando a los ojos, siempre a la búsqueda del menor síntoma de fatiga, ocultamiento o deslealtad.

Al caudillo iluminado, señor de la vida y la muerte, no se le quiere: se le teme. Todos le temen. No se trata de entregarle el corazón, sino la vejiga, que es un órgano más apremiante y comprometedor. Ni siquiera su hermano Raúl escapa al miedo. Alguna vez, hasta se ha visto en la humillante necesidad de utilizar a García Márquez para transmitirle un mensaje al Comandante. Él, Raúl, también ha tenido que sufrir los atropellos y vejaciones de Fidel. O Ricardo Alarcón, el presidente del parlamento cubano, institución conocida en el ambiente artístico como «Los niños cantores de La Habana». Un coro meticulosamente afinado, sin una voz discordante, en el que Cintio Vitier toca la lira, Silvio Rodríguez tararea y un tal Lázaro Berridos da gritos, mientras todos aplauden, sonríen, y simultáneamente bajan la cabeza y ponen los ojos en blanco, en un alarde nunca visto de coordinación neuromuscular.

Castro no ignora nada de esto. Como buen lector de Maquiavelo, sabe que lo importante no es que amen al príncipe, sino que lo teman, como recomienda el famoso librito. De ahí, además, se deriva el placer de los grandes adictos al poder. Las personas frágiles e inseguras son las que necesitan ser queridas. A los tipos duros lo que los estimula es ver temblar ante ellos a los demás. Verlos obedecer sin chistar. Y él es el más duro, el inconmovible, el que no sabe lo que es derramar una lágrima, según confesión propia en uno de sus infinitos papeles.

¿Cómo se establece esta relación de vasallaje? Lo primordial es privar a los subalternos de la facultad de razonar por cuenta propia. Al caudillo iluminado no se le sigue por sus ideas sino por un oscuro vínculo de lealtad tribal. Castro ha cambiado de ideas unas cuantas veces, pero los cortesanos han continuado tras él sin cuestionar los bandazos. Si Castro dice que la revolución es democrática —como dijo hace casi medio siglo—, se le aplaude. Si dice que es comunista, se le aplaude. Si insinúa que hay que abandonar el modelo soviético, más aplausos. Si rectifica e insiste en las bondades del estalinismo, se le vuelve a aplaudir. Es el padrecito de la patria. El propio Raúl lo ha dicho candorosamente: «Fidel es un padre para todos los cubanos». Y al padre, especialmente en la estructura inmensamente patriarcal de la sociedad cubana, se le obedece ciegamente aunque diga la más voluminosa de las estupideces.

Pero todo eso duele mucho. Carl Rogers, tal vez el pensador más interesante del siglo XX norteamericano, postuló la hipótesis de que las neurosis surgían de la disonancia entre la creencia, el discurso y la conducta. La dirigencia cubana cree una cosa, dice otra y suele hacer una tercera. Por eso un día el ex presidente revolucionario Osvaldo Dorticós se dio un tiro en la cabeza. Por eso Haydee Santamaría, la más fiel de las servidoras de Castro, se lo dio en el corazón. Estaban cansados de fingir, de comportarse como unos payasos ante un personaje al que le entregaron la conciencia, la palabra, la vida, confiados en que se trataba de un ser casi divino, hasta que descubrieron que no era más que un desalmado manipulador, sicológicamente incapacitado para amar y respetar al prójimo, porque su único objetivo en la vida es clavar su ego indomable por encima de las cabezas de los demás mortales.

Ya la muerte, como un buitre invisible, dio un par de vueltas sobre la tribuna y se alejó lentamente. Por ahora. Cuando regrese para quedarse, quienes rodean a Castro llorarán desconsolados frente a las cámaras de la televisión. Pero esa noche, a solas, sentirán un rarísimo e inexplicable alivio. Es lo que le sucede a la servidumbre del palacio cuando el padrecito de la patria se larga de este mundo.

La estrategia de Raúl
¿Qué pasará cuando esto ocurra? La hipótesis de Raúl Castro, como la de Franco, es que el futuro está «atado y bien atado». Tras el entierro de Fidel, él ocupará la jefatura del Estado, Carlos Lage seguirá a cargo de la administración del manicomio, y Ricardo Alarcón, que también quiere ser pre-

sidente, y que está seguro de ser «el candidato de los norteamericanos», quedará como segundo o tercero en la línea sucesoria.

Entonces, en la mejor tradición gatopardiana, el nuevo/viejo equipo cambiará algunas cosas para que todo siga igual. Liberalizará levemente los mercados campesinos, autorizará algunas actividades por cuenta propia, y perseguirá con menos ferocidad las transacciones comerciales privadas. Dejará, por ejemplo, que los cubanos puedan vender y comprar automóviles, electrodomésticos, o, si lo desean, sus viviendas. Autorizará que pesquen lo que les dé la gana, y renunciará a meter en la cárcel o a confiscarle la nevera al que le ocupen una langosta, ese peligroso crustáceo cuya posesión es una irrefutable muestra de traición a la patria. Incluso, permitirá que los restaurantes familiares, los «paladares», tengan más de doce sillas: ¿por qué no 24 ó 36? Y si hay restaurantes familiares, ¿por qué no lavanderías, talleres de reparación de radios y televisores, u otra docena de esos servicios que los cubanos están necesitando a gritos?

Mientras Raúl jura adhesión incondicional a la memoria de su hermano, su estrategia consistirá en demostrar que el malo, el irracional, el inflexible, el idiota que metía en la cárcel a un hambriento padre de familia por comprarle un kilo de carne de res a un campesino, era Fidel. Y no tiene que decirlo. El discurso seguirá siendo rigurosamente ortodoxo, pero el mensaje real será declamado por los hechos. Es la fórmula más económica y eficaz de comprar popularidad a corto plazo: el culpable es el que se murió. El propósito será lograr que en poco tiempo un número creciente de ciudadanos, hoy absolutamente convencido del fracaso del sistema y de la negligente torpeza de la dirigencia, cobre ilusión en la «nueva etapa». El truco consiste en inducir a la mayor parte de las cubanos a que piense que ha ganado con el relevo. Con eso, supone, capeará el temporal en el frente interno hasta que los cubanos se acostumbren a la idea de que Fidel ya no estará junto a ellos para arrullarlos con sus peroratas de catorce horas, o para llevarlos en masa, bajo la lluvia, a cantarle el *happy-birthday* a Elián, ese niño inevitable y dulce que cumple años incesantemente.

En el frente externo, Raúl jugará la carta china, pero en cámara lenta, muy lenta. En China, por ejemplo, en los últimos años se han abierto cuarenta mil escuelas privadas, hay millones de propietarios rurales, y no sólo se acepta que millones de personas posean los bienes de producción, sino que hasta se ha invitado a estos capitalistas a formar parte del partido comunista. Nada de eso se piensa llevar a cabo en Cuba. La táctica será hablar, en abstracto, del modelo chino, para abrirles el apetito a los inversionistas y a los políticos extranjeros, a quienes la codicia suele cegar, pero limitando los cambios reales a unas cuantas concesiones sin importancia, mientras se insiste en el «modelo cubano»: joint-ventures entre empresarios extranjeros y el Estado. Es decir, capitalismo de estado. Monopolios en los que los de afuera, aliados al gobierno, explotan la mano de obra barata y dócil de los cubanos, al tiempo que el aparato militar, especialmente el proveniente de los cuerpos de seguridad —la policía política—, asume las funciones gerenciales de importancia dentro de esa zona pseudo capitalista.

¿Tiene viabilidad el proyecto de Raúl? No lo creo. A Raúl lo persigue una terrible paradoja: toda su fuerza le viene de ser el hermano elegido, pero ese linaje le hace mucho más difícil separarse de la línea trazada por Fidel. A Kruschev le resultaba relativamente fácil denunciar los crímenes y las estupideces de Stalin, pero ni era el hermano ni había ascendido a la jefatura del Kremlin por designación de su antecesor. Se había ganado su puesto diligentemente, ahorcando a Beria con la cadena del inodoro. Por otra parte, quienes conocemos el grado real de desmoralización de la clase dirigente cubana, tenemos que dudar de la voluntad de esta gente de seguir adelante con esa estúpida y criminal manera de estabular a la sociedad. Todos esos ministros y generales están rodeados de esposas, hijos, hermanos y sobrinos que, en la intimidad de sus hogares, con las naturales precauciones con que hay que protegerse de los micrófonos ocultos, no dejan de reprocharles que aún sigan militando en defensa de ese disparate, mientras les imploran que los saquen cuanto antes del país a algún destino extranjero.

Raúl, pues, ha olvidado el factor humano. Y ha olvidado que los gobiernos en los que las instituciones son muy débiles y carentes de legitimidad —aunque sean «legales»—, como sucede en Cuba, las percepciones de las personas determinan la conducta. Él cree que la pregunta que se hacen los cubanos, la masa y la clase dirigente, es cómo mantener el sistema, pero no es verdad: el debate sordo que se va urdiendo en el prevelorio de Fidel, como si las plañideras afinaran sus gargantas, no consiste en tratar de decidir cómo preservar el castrismo, sino cómo desmontarlo sin que el edificio se desplome súbitamente. Eso es lo que los preocupa.

¡Aquí no se mueve nadie!
Una vez instalado en la jefatura del Estado, y tras el sudoroso trámite de enterrar a su hermano con todos los honores —un cadáver pesadísimo y resbaladizo—, Raúl deberá enfrentarse a una inevitable disyuntiva: o se planta, cava trincheras, y grita «¡aquí no se mueve nadie»!», o abre la mano y permite una participación plural y creciente de la sociedad en los asuntos públicos, lo que eventualmente daría al traste con la dictadura. Naturalmente, también le queda la treta de simular que adopta la primera opción, pero con el propósito oculto de afiliarse a la segunda, pero ese truco le duraría muy poco tiempo y acabaría por debilitar a sus propias filas en medio de una tempestad de equívocos y confusiones.

Hasta ahora Raúl se ha preparado para la primera estrategia. Controla totalmente las Fuerzas Armadas y el Ministerio del Interior. Y los controla por el viejo procedimiento mafioso: el principal rasgo que deben exhibir los jefes colocados en los puestos clave es la lealtad personal. No es tan importante que sean competentes o que tengan unas convicciones ideológicas firmes. Lo básico es que le respondan ciegamente. Ese es el caso, por ejemplo, de Abelardo Colomé Ibarra, «Furry», el poderoso Ministro del Interior, de quien se sabe, con absoluta certeza, que carece de ilusiones en el sistema, pero a quien, con la misma claridad, se le supone total obediencia a su jefe. Ese es también el caso del general Julio Casas Regueiro, el hombre de Raúl para la intendencia, el principal administrador del enorme conglomerado empresarial del ejército —hoteles, haciendas, fábricas, entidades financieras—, en quien concurren las mismas características de «Furry»: un pragmatismo desentendido del reñidero teórico y una absoluta sumisión emocional a su patrón.

Lo que a Raúl le gustaría, pues, es que el aparato militar-policiaco controlara las actividades económicas y mantuviera a la sociedad en orden y callada, mediante el antiguo procedimiento de «palo y tentetieso». Pero como todo poder debe sustentarse en un discurso racional, la coartada patriótica que esgrimiría sería la siguiente: «Estados Unidos y la oposición resentida de Miami preparan una sangrienta represalia que convertiría al país en una colonia yanqui y a sus habitantes en esclavos de los exiliados. Frente a esos riesgos extremos, no es posible permitir libertades políticas burguesas que pongan en peligro las conquistas de la revolución —soberanía, educación, salud, deportes—, ni libertades económicas que crearían diferentes niveles de ingreso contrarios a la justiciera vocación igualitaria de la revolución».

Nada de esto, por supuesto, se compadece con los hechos. Los Estados Unidos del siglo XXI no tienen el menor interés en anexionarse ninguna isla caribeña, y, mientras el gobierno cubano lleva muchos años suplicando que el capitalismo yanqui se aproxime a la Isla y la penetre, es Washington, con su displicente embargo económico, quien deliberadamente ha renunciado a ese papel en beneficio de españoles, canadienses o italianos. Por otra parte, anualmente decenas de mile de exiliados envían dinero a Cuba y viajan a la Isla como turistas, y, lejos de convertirse en un elemento conflictivo, los desterrados constituyen la primera fuente de ingresos del país: ni se ha percibido el menor síntoma revanchista ni se oye voz alguna que pida venganza. Por el contrario, a uno y otro lado del estrecho de la Florida los cubanos juran que son un solo pueblo que anhela el momento de poder volver a fundirse en un abrazo. Por último, las desigualdades que el gobierno cubano dice querer evitar, ya se han producido, y de una manera escandalosa. Hay dos tipos de cubanos: los que reciben dólares y los que no los reciben. Toda la *nomenklatura* los obtiene por diversos conductos y vive relativamente bien. El grueso de la población, sin embargo, subsiste en una miseria sin esperanza, sólo aliviada por la obsesión permanente de largarse del país.

¿Le será suficiente a Raúl, para mantenese en el poder, el apoyo de los militares? Lo dudo. Los militares cubanos ya no son los fieros oficiales que en los sesenta, convencidos de luchar por la supervivencia de la revolución, se enfrentaron a la prolongada rebelión campesina del Escambray, ni son los profesionales ávidos de gloria que pelearon exitosamente en Angola y Etiopía en defensa del comunismo triunfante a escala planetaria. Hoy son burócratas derrotados por la realidad, que sólo aspiran a trabajar en un hotel, a controlar la cocina de un buen restaurant, o a vincularse a un inversionista extranjero que les abra en el exterior una «cuentecita» bancaria para cuando puedan emigrar subrepticiamente junto a su familia sin padecer los avatares del exilio. Se trata, pues de un ejército sin «espíritu de cuerpo», sin tareas heroicas que cumplir, profundamente desmoralizado, y es muy difícil que esa tropa alicaída sea suficiente para sostener un régimen tan profundamente impopular como el comunismo. Pero es probable que si Raúl lo intenta, conduzca el país a un enfrentamiento que puede derivar hacia un escenario de violencia semejante al de los Balcanes y con un desenlace parecido: intervención extranjera para detener el matadero y luego responsabilidades penales para los jerifaltes. ¿Es eso lo que quiere el heredero de Fidel? ¿Acabar sus días como Milosevich?

El desenlace democrático y el «Proyecto Varela»

No obstante, hay otros caminos mucho más razonables. Ya sabemos que el propósito de Fidel Castro es que su régimen sea eterno. Esa es su noción de la gloria. Y se equivocan quienes piensan que al *máximo líder* no le interesa la posteridad. Por el contrario: ha dedicado toda su vida a construir su pirámide. Tiene a baterías de investigadores recogiendo (y ocultando) papeles. El yate *Granma* es una reliquia casi religiosa. O la silla en la que colocó sus obesas posaderas juveniles, o el rifle que usó en la Sierra Maestra. La frase «después de mí, el diluvio», no va con él. Su lema es «después de mí, yo mismo». Su intención es perpetuarse, permanecer como una referencia incesante en la memoria de sucesivas generaciones de cubanos. No quiere transición: quiere sucesión y continuidad.

El problema es que eso no es posible. Muerto Castro desaparece el único atractivo que le queda a ese polvoriento y fracasado episodio de la Guerra Fría. Me lo dijo un importante canciller latinoamericano recientemente: «en el velorio le comunicaremos a Raúl que cambian las reglas del juego; se acabaron las concesiones y Cuba, si quiere conservar nuestra amistad, tendrá que entrar por el aro democrático». Y eso exactamente será lo que ocurrirá en la comunidad de banqueros y empresarios internacionales: todos se sentarán tranquilamente —no tienen prisa— a esperar los cambios. ¿Quién puede ser tan imprudente como para llevar sus recursos a un país totalmente paralizado por la incertidumbre?

Esa situación precipitará a Raúl Castro a la decisión que tanto teme: si no es posible la continuidad del régimen, habrá que explorar la transición. ¿Transición hacia dónde, hacia qué punto del espectro político? Muy fácil: hacia donde determine libremente la sociedad cubana, mediante la democracia plural y sin ataduras, único procedimiento capaz de quitarle la espoleta a esa bomba de tiempo antes de que les estalle a todos en la cara.

¿Cómo se lleva a cabo ese prodigio? La respuesta pudiera estar en una propuesta conocida como «Proyecto Varela».

Cavilaciones para el entierro de Fidel Castro

Con un admirable sentido de la oportunidad, los demócratas situados dentro de la Isla, encabezados por el ingeniero Osvaldo Payá, un cristiano abnegado y valiente, acompañados por más de un centenar de organizaciones en las que no faltan los nombres clave de Gustavo Arcos, Elizardo Sánchez, Osvaldo Alfonso y Raúl Rivero, y respaldados por la mayor parte de los demócratas del exilio, pronto le entregarán al gobierno diez mil firmas de otros tantos ciudadanos que desean se consulte a la sociedad sobre la naturaleza del sistema en el que todos conviven (y malviven). En esencia, ese es el «Proyecto Varela», así nombrado en homenaje a un cura cubano de la primera mitad del XIX, liberal y civilizado, que trató de terminar por vías pacíficas con el régimen colonial español.

Lo interesante del referendum propuesto es que está contemplado dentro de la legislación cubana vigente, y daría inicio a un cambio ordenado, con garantías para todas las partes, en el que el presumible tránsito a otro sistema y gobierno se llevaría a cabo paulatinamente, con tiempo y sosiego suficientes, de manera que se pudiera reorganizar el mapa político del país con el surgimiento de las fuerzas políticas democráticas y con el correspondiente *aggiornamento* de los comunistas, hoy atrapados en una impopular ratonera estalinista, pero capaces mañana de refundarse en un partido socialista moderno y respetuoso de la pluralidad, como ha sucedido en Italia o Polonia.

¿Hay gente en el entorno del gobierno que desee este desenlace? Por supuesto, aunque no se atrevan a decirlo, y, de alguna manera, la edad es un factor muy importante en la determinación de sus preferencias políticas. Como regla general, los más jóvenes, los que todavía miran hacia el futuro con cierta ilusión, son los más proclives a aceptar la posibilidad de una transición hacia la democracia y el pluralismo. Ese es el caso de Abel Prieto, Ministro de Cultura, de José Luis Rodríguez, Ministro de Economía, de Eusebio Leal, restaurador de La Habana, del ex ministro de Relaciones Exteriores Roberto Robaina —quien jura que la vida le dará una

Cuba: Un siglo de doloroso aprendizaje

segunda oportunidad—, y hasta de Ricardo Alarcón, quien a sus 64 años, en la intimidad de su hogar, cuando se mira al espejo y le pregunta a quién debe parecerse para cumplir con sus más ocultas fantasías, el artefacto, con cierta crueldad, le responde que a Adolfo Suárez, el político español que desarmó el rompecabezas franquista sin perder una sola pieza en la aventura.

Fidel, para evitar la evolución a la democracia, advierte contra las traiciones y pone de ejemplo el desbarajuste soviético. Es un falso análisis: traición es mantener al pueblo cubano, hambreado y tiranizado, dentro de un modelo absurdo liquidado por la historia. Es al revés: a quien se atreva a encabezar la transición por la vía democrática le cabrá el honor de haber tenido la valentía, por primera vez en la historia de Cuba, de haber resuelto racional y pacíficamente una crisis sucesoria. En 1933 los cubanos no supimos salir ordenadamente de Machado, explorando las vías políticas legales, y tuvimos que sufrir el surgimiento del batistianismo y los primeros siete años de mano dura impuestos por el sargento ascendido a general. En la década de los cincuenta no fuimos capaces de enterrar el batistianismo sin recurrir a la violencia, y el resultado ha sido más de cuarenta años de dictadura comunista. Ahora, otra vez, surgirá la oportunidad de pasar la página pacífica y racionalmente. Quien lo consiga será un gigante.

La transición española y el caso cubano[*]

El 20 de noviembre de 1975, a los 83 años de edad, murió el Generalísimo Francisco Franco tras haber dirigido con mano firme una dictadura de carácter autoritario iniciada en 1939. Sorprendentemente, tras la desaparición del Caudillo comenzó o se aceleró un proceso de cambio hacia la democracia que en pocos años desmanteló totalmente el régimen creado tras la victoria de los "nacionales" en la guerra civil (1936-1939). El propósito de las reflexiones que siguen es examinar esta experiencia para tratar de determinar si puede ser útil para los cubanos en la hora actual, cuando Fidel Castro ha cumplido 76 años de edad y casi 44 al frente de una tiranía que muestra clarísimos síntomas de agotamiento.

España y Cuba: historias paralelas
Españoles y cubanos no suelen percatarse de la similitud histórica que aproxima a los dos países a lo largo del siglo XX. Unos y otros están acostumbrados a pensar que la ruptura de 1898 fue un corte total que escindió en dos partes totalmente distanciadas el destino político de ambas naciones, pero un acercamiento más cuidadoso demuestra lo contrario.

En la década de 1920 tanto Cuba como España vivieron momentos muy tensos en los que se devaluaron casi total-

---

[*] Ensayo escrito para el "Cuban Transition Project" del Instituto de Estudios Cubanos y Cubano-Americanos adscrito a la Universidad de Miami, Coral Gables. Verano de 2002.

mente los principios democráticos. En Occidente comenzaba con mucha fuerza el conflicto entre el comunismo y el fascismo, caracterizado por el desorden y la violencia social, con numerosos asesinatos y un alto grado de matonismo sindical, y los pueblos de la Península y de la Isla, o una parte sustancial de ellos, en ambas orillas del Atlántico pedían "mano dura" para reorganizar la convivencia. En 1923 esta sensación de caos y de fracaso de las instituciones llevó al poder al general Primo de Rivera, espadón persuadido de las virtudes del fascismo, quien puso fin a medio siglo de monarquía parlamentaria, surgido tras la restauración de la dinastía borbónica en 1874. Parece que el conjunto de la sociedad española recibió al general con muestras de alivio.

En Cuba, en 1925, fue elegido el general Gerardo Machado precisamente porque se le tenía por un hombre enérgico capaz de "meter en cintura" al país. Había sido Secretario de Gobernación durante el gobierno de José Miguel Gómez (1909-1912) y el recuerdo dejado era el de un militar que no toleraba desmanes, aún al precio de ser él quien ordenaba los atropellos. En esa época, caracterizada por los bajos precios del azúcar, las constantes turbulencias sindicales y algunos sonados asesinatos de inspiración política, los cubanos, además de "casas, caminos y escuelas", como prometía Machado, querían orden. El general, nacionalista, y, en cierta medida antiespañol, creía que una forma de lograr este objetivo era deportando a España a los revoltosos inmigrantes provenientes de la antigua metrópoli, acusándolos de pistoleros anarcosindicalistas o comunistas.

En realidad, había vínculos políticos entre la riada de los inmigrantes españoles llegados a Cuba, fundamentalmente desde Galicia, Asturias y Canarias, y no es extraño que existiera alguna complicidad entre estos y los sindicalistas cubanos más violentos. Por otra parte, también era notable una corriente españolista dentro de la Isla, como demuestra la creación de un batallón de voluntarios hispano-cubanos que marcharon a la guerra colonial de Marruecos en el bando, naturalmente, de Madrid. España, pues, y cuanto allí acontecía, se vivía como una experiencia muy cercana para los cubanos y para el enorme número de inmigrantes españoles que llegaba a la Isla o regresaba a la Madre Patria: los asesinatos de los Jefes de Gobierno de España, Eduardo Dato y José Canalejas fueron planeados o ejecutados por españoles previamente avecindados en Cuba, y probablemente el de José Calvo Sotelo, detonante directo de la Guerra Civil española, fue llevado a cabo por un sicario cubano escapado de la Isla tras la fuga del General Machado. Fenómeno, por cierto, no muy diferente de lo que a fines del XIX le ocurriera a Antonio Cánovas del Castillo, víctima de un anarquista italiano armado y subsidiado en París por exiliados vinculados al Partido Revolucionario Cubano.

En todo caso, a principios de la década de los treinta ambos gobiernos de mano dura comienzan a hacer crisis. En 1930 renuncia Primo de Rivera, y en 1931, tras unas elecciones municipales en las que triunfa en toda la línea una amplia coalición de republicanos, nacionalistas catalanes y socialistas, el rey Alfonso XIII abdica y marcha al exilio. Los Borbones vuelven a salir de la escena pública. Por segunda vez en menos de seis décadas los españoles ensayan el modo republicano de organizar el Estado. En Cuba las convulsiones políticas son diferentes pero igualmente intensas. El gobierno de Machado, que había llegado al poder por medios democráticos, se había deslegitimado por sus acciones contrarias al Derecho. Machado había "prorrogado" su autoridad por medio de un parlamento dócil que violó el espíritu de la Constitución de 1901 y esto, unido a la crisis económica generada por el "crac" de 1929, desató una vasta insurrección que culminó en 1933 con la renuncia y exilio precipitado del general y la desbandada de su gobierno.

Si en 1931 España estrenó la Segunda República, y en 1933 los cubanos conocieron la primera revolución, ambas sacudidas terminaron en desastre. En 1936, precedida por todo género de desórdenes, comenzó la guerra civil española, zanjada tres años más tarde al costo de cientos de miles de muertos y el encumbramiento del Generalísimo Francisco

La transición española y el caso cubano

Franco, proclamado "Caudillo de España por la gracia de Dios", una forma medieval de explicar la autoridad de los monarcas. Guerra Civil que también se riñó apasionadamente dentro y fuera de Cuba. Dentro, al dividirse acremente la sociedad política cubana entre los partidarios de los republicanos y los de los nacionales, y fuera, con la participación de más de mil voluntarios en el conflicto, la mayor parte de ellos reclutados en la esfera de los comunistas para servir en las Brigadas Internacionales. Dada la población de Cuba en ese momento —apenas cuatro millones— esta cifra era proporcionalmente la mayor aportada por cualquier país en defensa de la república española, lo que demuestra hasta qué punto los asuntos de España eran vistos como propios por los criollos cubanos.

Pero no era solamente en España donde naufragaba la república. En Cuba, entre 1933 y 1940, tras el colapso de Machado, el papel de jefe del país lo desempeñaría un ex sargento, Fulgencio Batista, quien gobernaría en la sombra desde los cuarteles, mientras unos jefes de gobierno nominales ocupaban la presidencia, se borraba o debilitaba la trama institucional, y el estado de derecho y el equilibrio de poderes que deben caracterizar a una verdadera república se convertían en una fórmula vacía. Finalmente, en 1940, la Isla recuperó la institucionalidad democrática y Batista resultó elegido presidente en unos comicios razonablemente creíbles que serían seguidos por dos gobiernos "auténticos". Los dos países, pues, de forma paralela, entraban en un periodo de sosiego, aunque en España esto ocurría bajo la bota militar y el signo del fascismo, y en Cuba dentro de normas formalmente democráticas que volverían a ser destruidas en 1952, cuando Batista, mediante un golpe militar, liquida al gobierno legítimo de Carlos Prío y precipita una insurrección armada, circunstancia que siete años más tarde potencia la aparición de Fidel Castro en el panorama político de la Isla. Ya Cuba, como España, contaba con un caudillo victorioso.

Cambio e inmovilismo en España

Veamos otras notables similitudes. Quien en sus años mozos había sido el general más joven de Europa, en 1939 todavía estaba en sus cuarenta y tantos y en los primeros tiempos de su gobierno no mostró ninguna prisa en crear mecanismos de transferencia de la autoridad ni en devolver al país a una suerte de previa normalidad. El apoyo que había recibido de media España, no necesariamente antidemocrático, había sido, fundamentalmente, para terminar con el desorden, la violencia, el anticatolicismo y los separatismos catalán y vasco, pero el Caudillo, imbuido del conservadurismo nacional católico, a lo que se agregaba la visión fascista que aportaban los falangistas, sus compañeros de ruta en la victoria militar, había interpretado ese respaldo popular y su propia victoria como una señal para fundar un régimen diferente no sólo al de la breve Segunda República, sino al de la por él muy odiada monarquía parlamentaria liberal de la Restauración.

A partir del fin de la Segunda Guerra y la derrota del nazi-fascismo, Franco comienza a sentir presiones en dirección del cambio hacia la democracia. Una de esas presiones tiene que ver con el dilema que se le plantea a todo régimen organizado en torno la excepcionalidad de un caudillo que detenta el poder de manera casi exclusiva: ¿qué hacer cuando falte ese mesías sin competencia ni paralelo? Lógicamente, crear mecanismos sucesorios, pero eso comporta generar instituciones y alentar las aspiraciones de otras personas. En 1945, desde Lisboa, Juan de Borbón, hijo de Alfonso XIII y hombre cercano a posiciones democráticas, pide otra vez la restauración de la monarquía. Franco ignora ese llamado, pero empieza a acariciar la idea de lograr un compromiso entre las instituciones democráticas occidentales y su régimen de mano dura. Su democracia será "orgánica" y no dependerá de los "desordenados" partidos políticos, sino de los "estamentos naturales" de la sociedad: la familia, los sindicatos, los productores. El Caudillo encuentra en el fascismo una manera de sustentar su infinito poder personal.

Asimismo, el Caudillo llega a la conclusión de que una monarquía encabezada por Don Juan volvería pronto a los decadentes vicios liberales de los tiempos de Alfonso XIII, pero seguramente sería muy diferente si le enviaran al niño Juan Carlos, hijo de Don Juan, para educarlo en los principios y valores del Movimiento. Llegado su momento, si el heredero daba muestras de sujeción a la autoridad moral y política del Caudillo, y si prometía prolongar la obra iniciada con el triunfo de 1939, entonces podría plantearse la Restauración como una forma de asegurar la pervivencia del franquismo. Mientras tanto, un fenómeno político a escala planetaria contribuía a consolidar el franquismo: se había desatado la Guerra Fría y la España de Franco dejaba de ser percibida por Washington como la ex aliada de los nazis y pasaba a ser vista como un país amigo en la lucha contra el comunismo dentro de la estrategia global de "contención" del espasmo imperial de la URSS. En 1951 Estados Unidos y España reanudaron relaciones, en 1953 se instalaron las primeras bases militares norteamericanas en suelo español, y en 1955 España fue admitida a la ONU.

En 1962 Franco cree estar seguro de poder mantener los pilares del régimen y, simultáneamente, preparar al país para su ausencia. Durante algunos años el joven príncipe Juan Carlos ha recibido una esmerada formación en el terreno ideológico y no exhibe síntomas de suscribir la cosmovisión de las decadentes democracias occidentales. Es el momento de proclamar que, a su debido tiempo, cuando falte la mano previsora del Caudillo, la Monarquía será restaurada y Juan Carlos ocupará la jefatura del Estado en su condición de Rey. Pero la jefatura del Gobierno, la gestión del sector público, estará en manos de un hombre de mano dura, como la del propio Franco, que continuará la obra del Movimiento. En 1967 Franco está seguro de quién debe ser su sucesor en ese terreno: el almirante Luis Carrero Blanco, así que lo nombra para ese cargo. A partir de entonces es que Franco comienza a decir en privado, y luego repetirá en público, que "el futuro está atado y bien atado". Está seguro de que, tras su muerte, continuará invariable el signo de su régimen.

Sin embargo, los españoles ni siquiera tuvieron que esperar a la muerte del Caudillo para comenzar a ver cambios que apuntaban a una modificación sustancial de los fundamentos del franquismo. En la década de los cincuenta los falangistas empiezan a perder fuerza mientras los grupos católicos, en ese contexto más progresistas, adquieren más poder. Finalmente, en 1959 los tecnócratas vinculados al *Opus Dei* asumen la dirección económica del gobierno y se abren al mercado y a las inversiones extranjeras, abandonando el viejo proyecto autárquico-nacionalista. España quiere integrarse a Europa, donde ya funciona un Mercado Común. Obviamente, para lograr ese objetivo es necesario no sólo "abrir" la economía sino conceder algunas libertades. En 1966 el entonces joven ministro Manuel Fraga Iribarne propone y se acepta una ley que elimina la censura previa en los medios de comunicación. Es un paso en la dirección correcta.

En diciembre de 1973 sucede un hecho estremecedor: ETA asesina a Carrero Blanco de forma espectacular. El sucesor ideológico y continuador del régimen desaparece súbitamente. Una enorme carga de explosivos colocada al paso de su coche lanza el vehículo a la azotea de un edificio cercano y el Almirante y el chofer mueren en el acto. ETA era una organización separatista vasca surgida a principios de los sesenta en torno a grupos radicales católicos, pero al calor de la lucha se había desplazado hacia posiciones comunistas. En ese momento Franco, que tenía ochenta y un años y estaba enfermo, veía como uno de sus dos mecanismos sucesorios desaparecía súbitamente. ¿Seguiría "atado y bien atado" el futuro del franquismo?

El hombre elegido para suceder a Carrero Blanco y lograr la supervivencia del franquismo fue un abogado llamado Carlos Arias Navarro, ex fiscal tras la guerra civil, que tenía fama de duro, pero que no lo resultó tanto. Aunque oficialmente los españoles se sentían satisfechos con el régimen, y así lo reflejaban abrumadoramente en todas las consultas electorales, era evidente que existía una gran presión interna en dirección a la democracia y el pluralismo. Había "demócratas" —nombre genérico que se daban todos los enemigos del franquismo, fueran o no realmente demócratas— entre los militares, los obispos, los jueces, los catedráticos, y los viejos partidos políticos que luchaban por salir de una clandestinidad nada opaca para una policía política que a esas alturas prefería seguir de cerca los pasos de sus enemigos que impedirles sus movimientos. Finalmente, con bastante realismo, Arias Navarro autorizó una "Ley de asociaciones políticas" que fue una forma de canalizar el surgimiento embrionario de partidos distintos al Movimiento.

En 1974 se conocen públicamente los males físicos que aquejan a Franco y la oposición se lanza a organizarse para el postfranquismo. La convicción general de la clase política, especialmente en la oposición, era que, pese a la fortaleza del régimen y la bonanza económica que vivía el país, el franquismo no resistiría la desaparición del Caudillo, por muchas previsiones que hubiera tomado desde el palacio del Pardo. ¿Por qué? En esencia, porque prevalecía la idea de la ilegitimidad moral del sistema y la incongruencia que significaba la supervivencia de un régimen que ya no era fascista, pero que se empeñaba en gobernar a los españoles por medio de la imposición y la fuerza. Franco, un hombre de cuartel más que de ideología, había vivido convencido de que los "demonios" que impedían la convivencia armónica de los españoles eran la tendencia a la anarquía y la incapacidad para someterse a las reglas —impulsos nefastos estimulados por "los pérfidos masones, los judíos, el oro de Moscú y la idiota tradición liberal"—, de donde deducía que siempre debía existir una enérgica voz de mando que pusiera en "firme" a sus compatriotas, y había tratado de convertir esas creencias en dogmas de su gobierno, pero sin demasiado éxito.

En 1974 el franquismo había perdido todo componente místico y la adhesión de la mayor parte de los simpatizantes estaba basada en la conveniencia personal, el recuerdo todavía vigente de la Guerra Civil, el peso de la inercia y la falta de fe en las ventajas de un cambio. Los casi cuarenta millones de españoles de entonces gozaban de una renta per cápita del 75 por ciento de la que exhibía la Comunidad Europea, el desempleo era bajo, el ochenta por ciento de las familias eran dueñas de sus viviendas y había varios millones de cartillas de ahorro en las sólidas instituciones bancarias del país. ¿Por qué luchar por un cambio? Sencillamente, porque la clase dirigente estaba profundamente desmoralizada. Frecuentemente, los hijos y los nietos de quienes habían ganado la Guerra Civil no creían en el franquismo y habían abrazado a los grupos de oposición. La Comunidad Europea ejercía una fuerte atracción sobre casi todos los españoles, y el franquismo, que arrojaba ciertos resultados positivos en el terreno económico, estaba totalmente en bancarrota en el ideológico. Y sucede que cualquier régimen político que no se base en el consentimiento real de la sociedad, sólo puede sostenerse indefinidamente por la fuerza bruta utilizada sin ninguna clase escrúpulo —Sadam Hussein en Irak, por ejemplo—, o si es capaz de mostrar y defender una calidad moral especial sobre la que edifica su legitimidad. El gobierno de España, mediados los años setenta del siglo XX, ni estaba dispuesto a recurrir sin limitaciones a la represión ni a esas alturas se sustentaba en un discurso político y ético compartido por la mayor parte de la sociedad. El cambio, pues, sería inevitable.

Cambio e inmovilismo en Cuba

A la manera de Franco dos décadas antes, en 1959 llegaría Fidel Castro al poder en Cuba como consecuencia de una victoria militar sobre la dictadura de Fulgencio Batista. Apenas tenía 33 años y su legitimidad descansaba, primordialmente, en ese triunfo: era el líder indiscutible del país. No es este el lugar para reseñar esos hechos, pero sí conviene destacar un dato relevante: secretamente, Fidel Castro, aunque públicamente se había comprometido a restaurar la democracia y la Constitución de 1940 —que era lo que deseaban los cubanos y lo que había pactado toda la oposición, incluido el Movimiento 26 de Julio—, en realidad pensaba perpetuarse en el poder y crear un tipo de régimen que rompiera con la tradición liberal y republicana de Cuba. Castro, como Franco en España, aquejado de evidentes rasgos mesiánicos, se veía a sí mismo como "fundador" de una nueva nación alejada de los primeros cincuenta y siete años de vida republicana. Los dos dictadores defendían ideas distintas, pero ambos coincidían en el rechazo al pasado y en tener una visión de ellos mismos rayana en el endiosamiento.

La década de los sesenta fue la de la destrucción de la sociedad civil cubana. Como Franco encontró un método y una coartada ideológica en el fascismo para fundar su dictadura personal, Fidel los hallaría en el comunismo. No sólo el noventa y cinco por ciento del aparato productivo —industrias y servicios— fue confiscado por el Estado en el esfuerzo por crear una sociedad comunista, sino se desmantelaron todas las organizaciones privadas, ciñendo la participación ciudadana a la militancia en un puñado de instituciones rígidamente controladas por el gobierno: la CTC, la Federación de Mujeres Cubanas, el Partido Comunista de Cuba, la Unión de Escritores y Artistas de Cuba, y un breve etcétera. En realidad, más que organizaciones en las que las personas se agrupaban para defender principios e intereses comunes, se trataba de instituciones concebidas para defender el modelo político totalitario impuesto por Castro.

También como a Franco, a Castro lo salvó la Guerra Fría. Enfrentado a Estados Unidos, buscó la protección económica y militar de una URSS que se expandía por el Tercer Mundo en busca de la hegemonía planetaria. La Isla —como España a Washington— le concedió bases militares a Moscú y se agregó al COMECON en calidad de socio protegido. Poco a poco, el régimen fue perdiendo su vocación de originalidad y, tras la inflación y el desabastecimiento de la última parte de los sesenta, a lo que inmediatamente se sumó el fracaso de la "zafra de los diez millones" (1970), el gobierno aceptó copiar el modo soviético de producir y de administrar los escasos recursos con que el país contaba.

A mediados de los setenta Castro tuvo que plantearse el problema de la sucesión y de la institucionalización del régimen. El convulso periodo revolucionario aparentemente llegaba a su fin y había que crear estructuras capaces de darle soporte al régimen cuando la generación de los "padres fundadores" ya no viviera. Es la época en que se convoca al Primer Congreso del PPC, se redacta una nueva constitución inspirada en la de Bulgaria (que, como todas las de los "hermanos del Este" a su vez procedía de la soviética de los años treinta) y se establece una línea sucesoria que deja el poder en manos de Raúl en caso de que Fidel desaparezca. No hay, como en España, una división de funciones entre la jefatura del Estado y la del Gobierno, pero como Franco eligió a Juan Carlos y a Carrero Blanco para prolongar su régimen *sine die*, Castro depositó esa responsabilidad en su hermano, cinco años menor.

Sin embargo, exactamente igual que en España, al margen de la voluntad del Caudillo, surgían luchas por parcelas de poder y funcionarios que se desviaban de la ortodoxia ideológica, la "institucionalización" del comunismo en Cuba creaba oportunidades para la aparición de "reformistas" y "aperturistas" que se alejaban del castrismo químicamente puro. Esto fue lo que sucedió con el economista Humberto Pérez, quien comenzó a descentralizar la administración y a crear mecanismos de mercado que pusieron muy nervioso a Fidel Castro. Años más tarde ese papel lo encarnó Carlos Aldana, quien, al compás de la *perestroika* proclamada por Gorbachov, llegó a creer que era posible relegar a Fidel Castro al rol de "reina madre", pero sin injerencia en la labor de gobierno. Naturalmente, Aldana acabó apartado del poder, tachado de corrupto y totalmente desacreditado, al menos dentro del círculo íntimo de Fidel y Raúl. Una década más tarde, y acusado de querer convertirse en heredero de Castro, le tocaría ese papel a Roberto Robaina, joven y excéntrico ex canciller del castrismo.

La transición española y el caso cubano

De la misma manera que durante el "tardofranquismo" —vocablo acuñado por los periodistas españoles—, y como consecuencia de la necesidad de España de integrarse a Europa, disminuyó la ferocidad represiva del régimen, en Cuba sucedería otro tanto a partir del momento en que el presidente norteamericano Jimmy Carter lanza su defensa de los Derechos Humanos y la URSS se acoge a los acuerdos de Helsinsky. En la Isla esto se traduce en la liberación y expatriación de miles de prisioneros políticos y, paulatinamente, en la aparición de cierto espacio para la oposición abanderada tras la reivindicación de los Derechos Humanos, movimiento que surge en las cárceles como una iniciativa de presos procedentes de las filas comunistas como Ricardo Bofill y Adolfo Rivero Caro, o disidentes de la cantera del "26 de julio", como Gustavo y Sebastián Arcos o la doctora Martha Frayde.

Tras la aparición del movimiento pro Derechos Humanos, y probablemente debido a esa influencia, lentamente comienzan a congregarse profesionales cubanos que establecen vínculos al margen del Estado. Un grupo de abogados independientes forma la organización "Ignacio Agramonte". Pronto aparecen los periodistas, los economistas, los médicos y las bibliotecas independientes. En la provincia de Oriente algunos campesinos que todavía poseían pequeñas parcelas de tierra forman la Alianza Nacional de Agricultores Independientes. Con el tiempo llegarán a tener 17 "propietarios" agrupados en todo el país. Los auxilian desde el Centro Nacional de Estudios Científicos. Se trata de un gremio de ingenieros agrónomos e investigadores también independiente. Desde el exilio, el Colegio de Ingenieros Agrónomos envía diversos tipos de ayuda. Lo mismo hace el Directorio Democrático Cubano. Es la sociedad civil que pugna por reinventarse tras décadas de aplastamiento y represión. En ella hay que incluir el trabajo de formación cívica de la Iglesia Católica, aunque no sea uniforme en todas las diócesis, y publicaciones como *Vitral*, dirigida por Dagoberto Valdés. Es dentro de ese contexto que el ingeniero Oswaldo Payá, cabeza del Movimiento Cristiano de Liberación, lanza su iniciativa del "Proyecto Varela", auxiliado por decenas de organizaciones políticas de la disidencia. Utilizando los resquicios de la legislación cubana, tratan de reclamar los derechos conculcados al pueblo. Realizan la proeza de levantar más de once mil firmas. El gobierno los persigue, pero ya no están los tiempos para encarcelar o fusilar a unas personas que ni siquiera se proponen cambiar el sistema político, sino que se reúnen, simplemente, para defender intereses legítimos, para intercambiar puntos de vista o para pedir que se cumplan las propias leyes del país.

En el exilio, simultáneamente, también se produce un cambio significativo. Primero, la transición española les demuestra a los cubanos que es posible enterrar pacíficamente un régimen totalitario o semitotalitario. Pero a partir de la *perestroika*, y, sobre todo, tras la caída del muro de Berlín y el desmantelamiento fulminante del bloque comunista europeo, algunos cubanos plantean la necesidad de crear las condiciones para que algo similar ocurra en Cuba. Es entonces, en 1990, cuando liberales, democristianos y socialdemócratas del exilio —con ciertas ramificaciones en Cuba— crean la Plataforma Democrática Cubana y renuncian a la violencia como método de lucha. Hasta el nombre recuerda la experiencia española. El objetivo es forjar una alianza entre los demócratas y pactar las condiciones para la transición hacia la democracia en la Isla. Todos han visto cuan importante ha sido la colaboración con las fuerzas democráticas integradas en las Internacionales.

A principios de la década de los ochenta Fidel Castro no estaba nada satisfecho con la burocratización del país a la manera soviética y la pérdida de poder personal que eso significaba, y lanza su política de "rectificación de errores". Es una vuelta a cierta ortodoxia comunista y el rechazo a algunas medidas de apertura hacia el mercado y de incentivos materiales tomadas previamente. No lo puede prever, pero irá a contramarcha de la *perestroika*, que pronto comenzará a ensayar Gorbachov en la URSS. La *nomenclatura* cubana resiente esa involución y el aparato, secretamente, se divide entre reformistas y "duros". Esto se hace patente en los ministerios y departamentos mejor informados: Comercio Exterior, Relaciones Exteriores, Interior. Pero enseguida se hace obvio que ahí no hay más poder que el de Fidel Castro y los reformistas asumen sin fisuras el discurso de los duros. Es un coro casi perfecto, hábilmente dirigido por la policía política.

En 1989 sucede todo. Se produce el fusilamiento del general Ochoa y Tony de la Guardia. Aparentemente son eliminados por sus vínculos con el narcotráfico —una política del Estado cubano—, pero también los castigan porque Fidel, por medio de unas grabaciones clandestinas del Ministerio del Interior, descubre que se burlan de él y ya no creen en el "proyecto revolucionario". En ese año cae el Muro de Berlín y comienza a deshacerse la URSS. En Cuba, Raúl Castro interviene el Ministerio del Interior, que es "ocupado" por el Ejército, y en el gobierno comienzan a buscar fórmulas de sostener el sistema sin necesidad de hacer cambios, aún cuando desaparezca el subsidio soviético. Es el *gatopardismo* en su mejor acepción: admitir algunas modificaciones marginales para que todo siga igual. Es dentro de ese espíritu que luego llegarán la dolarización, las empresas mixtas, el "cuentapropismo", la reaparición de los mercados campesinos y la conversión de las granjas estatales en cooperativas. No son medidas para sustituir el modelo comunista sino para apuntalarlo en su peor momento.

Ante esos cambios muchos criptorreformistas comienzan a pensar que la revolución ha entrado en un irreversible camino hacia una apertura real. Fidel y Raúl —especialmente Fidel— se empeñan en lo contrario. La Asamblea Nacional del Poder Popular, presidida por Ricardo Alarcón, le responde públicamente a la Plataforma Democrática Cubana y rechaza cualquier forma de diálogo con la oposición. El joven Roberto Robaina es designado Canciller por un rasgo específico de su educación: Granma anuncia que es quien mejor interpreta el pensamiento de Fidel Castro. En la década de los noventa se celebran dos congresos del Partido y son ratificados los inalterables principios del marxismo-leninismo. La dinámica de los dos eventos indica que el objetivo básico de los hermanos Castro es evitar cualquier veleidad reformista. En el verano de 2002, como preparación a un nuevo Congreso, y en respuesta al Proyecto Varela, Castro hace que millones de cubanos firmen una petición a la Asamblea Nacional del Poder Popular por la que todos se obligan a mantener de forma irrevocable el sistema comunista. Paradójicamente, la maniobra indica que en el conjunto de la sociedad, incluidas las filas gubernamentales, existe una clara desmoralización y una fuerte tendencia hacia el cambio que los hermanos Castro desean eliminar de raíz.

La transición española
En España, en 1974, cuando se anuncia la enfermedad del Caudillo, la oposición, hasta entonces desunida, se agrupa en dos grandes coaliciones. Los marxistas más radicales crean la "Junta Democrática". Ahí están el Partido Comunista presidido por Santiago Carrillo, el Partido Socialista Popular del profesor Enrique Tierno Galván, el Partido del Trabajo y "Comisiones Obreras", una central sindical independiente y proscrita, creada por los comunistas unos cuantos años antes. Unos meses más tarde, ya en 1975, otros grupos más moderados forman la "Plataforma Nacional de Convergencia Democrática", integrada por el Partido Socialista Obrero de España (PSOE), cuyo secretario general era el joven abogado sevillano Felipe González, y una agrupación socialdemócrata fundada por Dionisio Ridruejo, un escritor ex falangista genuinamente pasado a la democracia. Lo que pide la Plataforma es libertad de asociación y de prensa. Para ellos la inspiración más cercana es el Partido Socialdemócrata Alemán y Willy Brandt, el ex canciller germano.

Finalmente, el 20 de noviembre, tras varias semanas de agonía, Francisco Franco muere. Dos días más tarde se reúnen las Cortes, como se le llama en España al Parlamento, y Juan Carlos es nombrado rey, tal y como la legislación determinaba. Parecía que la continuidad del franquismo estaba asegurada, pero no era verdad. Los reformistas, muchos de ellos de procedencia democristiana, intrigan hábilmente para democratizar el régimen. Hay una sorda pugna por el poder que se da, fundamentalmente, en los pasillos de las Cortes y en las reuniones secretas de la Zarzuela, recinto de los monarcas. Los "inmovilistas" afirman que el apoyo del pueblo al modelo franquista es total, como se demostraba en las elecciones y referendos organizados por el franquismo. Los españoles —opinaban ellos— no querían cambiar ni volver a la decadente "partidocracia" de antaño. El rey, que hasta entonces era un enigma, participa en el bando de los "democratizadores". Arias Navarro, el Jefe de Gobierno o Primer Ministro, no está conforme. En julio de 1976 se produce el cambio y el rey elige al sustituto de Arias Navarro de una terna propuesta por las Cortes. Se trata de Adolfo Suárez, un joven y poco conocido abogado que ha hecho toda su vida profesional como "apparatchik" del Movimiento.

Una vez al frente del gobierno, Suárez comienza su lucha por cambiar el modelo político. Enseguida se da cuenta de que la clave está en ampliar los márgenes de participación de la sociedad. La ilegitimidad del franquismo surgía del exclusivismo. Las potencias europeas —Alemania y Francia principalmente— le hacen saber que no habría integración ni solidaridad si no se respetaban los derechos políticos de todos los españoles. Estados Unidos coincide con ese análisis. Tenía que abrirle paso al resto de las fuerzas políticas. Suárez se plantea construir un partido democrático con el sector reformista del gobierno y con la parte moderada de la oposición. Está secretamente decidido a enterrar el Movimiento.

En noviembre ocurre un espectáculo pocas veces visto: las Cortes dictan una amplia amnistía política, promulgan la Ley de Reforma Política para potenciar el pluripartidismo, suprimen los Tribunales de Orden Público —dedicados a la persecución ideológica—, y se disuelven para dar paso a unas elecciones convocadas con las nuevas reglas. El franquismo, repiten en España en todos los medios de comunicación, se ha hecho el *harakiri*. Las elecciones se llevarán a cabo en junio de 1977.

Antes de esa fecha Suárez da dos pasos importantísimos: crea la Unión del Centro Democrático para agrupar sus propias fuerzas desgajadas del antiguo franquismo y legaliza al Partido Comunista, bestia negra de los viejos militares, que no olvidan los agravios de la Guerra Civil, y muy especialmente "la matanza de Paracuellos", un poblado cercano a Madrid donde los comunistas, bajo la autoridad de Santiago Carrillo, habían ejecutado sumariamente a unas 2 800 personas. Pero Suárez sabe que para democratizar el país y cambiar el sistema necesita la colaboración de los comunistas y de los socialistas. El *quid pro quo* es muy claro: habrá juego limpio para todos a cambio de tranquilidad institucional. ¿Qué quiere decir eso? Básicamente, aceptación de la monarquía y sujeción a la democracia electoral. El rey y él, Suarez, están dispuestos a ampliar el juego político, pero a cambio de que todos se coloquen bajo el imperio de la ley.

Todo esto, naturalmente, se produce en medio de grandes tensiones sociales, y bajo la presión de grupos extremistas de izquierda y derecha que se niegan a aceptar las normas democráticas. Desde la ultraizquierda se dice que todo es un engaño pues "los tiburones [el franquismo] no suelen parir gacelas". Desde la ultraderecha, dominada por nostálgicos del falangismo, se afirma que la "partidocracia" volverá a fragmentar y destruir a España. Ambos sectores llevan a cabo ciertos hechos violentos y algunos asesinatos. Pero en junio de 1977 se llevan a cabo las elecciones y gana el partido de Suarez con el 32 por ciento de los votos. En segundo lugar queda el PSOE y en tercero el Partido Comunista. Suárez ha conservado el poder, pero se da cuenta de que debe buscar el consenso con las otras fuerzas para poder gobernar. De esa disposición surgen los "Pactos de la Moncloa", un programa de gobierno en gran medida refrendado por la oposición. Lo importante es no romper el Estado de Derecho. En 1978, las Cortes surgidas de las elecciones de 1977 se declaran Constituyentes y le encargan a una decena de sus miembros, catedráticos de Derecho, que redacten una nueva Ley de Leyes. Se trata de un grupo mixto en el que hay políticos de derecha, como Fraga Iribarne y comunistas como Solé Turá. La Constitución que redactan refleja el compromiso entre todas las tendencias, se discute luego en las Cortes, y, una vez aprobada, ya en 1978, es refrendada por una inmensa mayoría de los españoles. Desde entonces España es una democracia "homologable" con cualquier otra.

El gobierno de UCD, sin embargo, será corto. En 1979 hay unas nuevas elecciones que vuelve a ganar Adolfo Suárez, pero de una forma menos definitiva. En 1980 se produce una moción de censura que debilita seriamente a UCD. El partido da muestras de la artificialidad con que fue construido y comienza a resquebrajarse. Las líneas de fisura tienen que ver con las corrientes ideológicas que lo forman y con los "barones" que las dirigen. Fatigado y desgastado, a principios de 1981 Suárez dimite y las Cortes eligen como su sucesor a Leopoldo Calvo Sotelo. En el acto de investidura irrumpen unas unidades de la Guardia Civil mientras se insubordinan varios cuerpos del ejército: es un peligroso golpe militar y el último coletazo del viejo franquismo. El rey, desde la Moncloa, con el auxilio de otras fuerzas, logra abortar la intentona.

A partir de ese momento se acelera la consolidación del modelo democrático y prooccidental en el país. En 1981 España entra en la OTAN y pocos meses más tarde, en 1982, la oposición socialista gana las elecciones con una mayoría holgada que nunca tuvo la UCD. Desde la guerra civil los socialistas españoles nunca habían gobernado y sus enemigos temían que el país tomara una senda radical. Pero no fue así. González, que en el campo económico optó por el mercado y la privatización del sector público, obtuvo el ingreso de España en la Comunidad Económica Europea y mantuvo unas estrechas relaciones con los Estados Unidos de Reagan y de Bush (padre), a quien acompañó en la Guerra del Golfo (1991). Mientras tanto, se producía un crecimiento muy notable de la renta nacional y España se transformaba en un país rico del Primer Mundo. Reelecto un par de veces, hasta convertirse en el político democrático que más tiempo ha ocupado el poder consecutivamente en la historia de España, Felipe González pierde las elecciones de 1996 y José María Aznar ocupa desde entonces la casa de gobierno al frente del Partido Popular, una formación liberal-conservadora edificada con el voto sociológico de UCD, más muchos electores del PSOE que se desencantaron con los niveles de corrupción exhibidos en los 14 años de gobiernos socialistas. En todo caso, lo importante es observar cómo las fuerzas políticas se moderaban, se alternaban en el poder y se cerraba el ciclo de la transición.

Lecciones de la transición española para los cubanos
Hay muchas enseñanzas que los cubanos pueden sacar de lo ocurrido en España, y al menos vale la pena enumerar ocho de ellas:

Primera. Es verdad que Cuba y España tienen realidades diferentes, pero también poseen muchas similitudes y los habitantes de los dos países comparten viejos valores y una común cosmovisión. No es por gusto que Cuba fue territorio español hasta 1898, y que a partir de esa fecha cientos de miles de españoles emigraron a Cuba. Eso deja una impronta y una manera de razonar y de reaccionar.

Segunda. Lamentablemente, es muy probable que los cambios no lleguen a Cuba hasta que muera Fidel Castro, como sucedió en España con Franco, pero eso no quiere decir que la oposición debe cruzarse de brazos. Hay que alentar el surgimiento de la sociedad civil, cooperar con la disidencia interna, forjar un pacto de colaboración entre todos los demócratas de dentro y fuera de la Isla, ocupar todos los espacios que el gobierne tolere o no pueda controlar, y estar dispuestos a buscar zonas de negociación con los reformistas del castrismo que, en su momento, quieran buscarle una salida digna a la crisis del país.

Tercera. Aunque es cierto que la situación económica de España tras la muerte de Franco era infinitamente mejor que la que Castro deja en Cuba, este elemento complica la situación, pero no la determina. Los franquistas, con el rey y Adolfo Suárez a la cabeza, se sintieron compelidos a democratizar a España porque el país vivía en un entorno histórico y geográfico que así lo exigía. Con Franco acababa una época: la de la Guerra Civil y el enfrentamiento entre fascismo y comunismo. Con Cuba sucede lo mismo. Castro es un producto de las ideas polvorientas de la izquierda comunista de los años cuarenta y cincuenta. Liquidada la Guerra Fría con total victoria occidental, y revaluada la democracia en todo el continente latinoamericano, quien herede el poder percibirá de inmediato que sólo tiene una salida de la trampa. Si hoy Cuba no puede pertenecer a la OEA, ni al Grupo de Río, si la Unión Europea le niega cualquier tipo de ayuda especial, y tiene cerradas las puertas del Banco Mundial y del Fondo Monetario Internacional, cuando Castro desaparezca las presiones arreciarán, y con ellas aumentará la tentación de abandonar el ineficaz y dictatorial modelo castro-comunista que el país padece.

Cuarta. Por la otra punta, serán copiosas las ofertas de ayuda económica y política para implementar los cambios. Si se abandona el modelo revolucionario colectivista, Estados Unidos se volcará para lograr un despegue económico espectacular de los cubanos con el objeto de evitar éxodos masivos hacia el sur de la Florida. Para ese empeño solidario reclutará a sus aliados europeos y asiáticos. Todos los incentivos apuntarán al cambio y todos los inconvenientes al inmovilismo. ¿Por qué la estructura de poder que suceda a Castro actuaría estúpidamente y elegiría el inmovilismo?

Quinta. No hay que pensar que los funcionarios del castrismo, aunque repitan el discurso oficial, realmente lo suscriben. ¿No habíamos quedado en que Robertico Robaina había sido elegido Canciller por su impresionante capacidad para interpretar el pensamiento de Fidel Castro? Los elementos cohesionadores de las dictaduras caudillistas son tres: el miedo al Jefe, la lealtad al grupo y el temor al cambio. Cuando desaparece el Jefe se debilita la lealtad al grupo. Muerto Fidel es mucho más fácil darle la espalda al fidelismo, especialmente porque ahí ni siquiera hay doctrina, sino una sucesión de caprichos y arbitrariedades comprobadamente fallidos. Lo que finalmente puede unir a los partidarios de la dictadura es el temor al cambio, de manera que hay que fraguar un modelo de transición, como el español, donde todos quepan, plural y abierto, y en el que sean los electores los que determinen quiénes y por cuánto tiempo deben administrar la nación, pero sin violar los derechos individuales de nadie.

Sexta. Todo esto exige una voluntad de perdonar los agravios. Los españoles provenían de una guerra civil en la que ambas partes se hicieron mucho daño, pero, tras la muerte de Franco, en lugar de ponerse a hurgar en el pasado se dedicaron a salvar el futuro. Ese ejemplo debería ser útil para los cubanos.

Séptima. Es muy conveniente olvidarse de los estereotipos y de las ideas preconcebidas. Curiosamente, la experiencia totalitaria es tan brutal que afecta la naturaleza sicológica de los pueblos. Franco, que había vivido en su juventud el convulso primer tercio del siglo XX, y que era un militar en toda la regla, pensaba que los españoles eran anárquicos, caóticos y dados a la violencia, lo que acababa por generar pobreza, y, por lo tanto, había que sujetarlos con una correa corta y fuerte. Pero, tras su muerte, se descubrió que la sociedad española era moderada, pacífica y tolerante. El país ensayó la pluralidad política y nunca ha tenido mayor auge económico en toda su historia.

En Cuba puede suceder lo mismo. Fidel Castro vive (y morirá) convencido de que los cubanos constituyen una raza guerrera destinada a enfrentarse permanentemente a Estados Unidos y a la Unión Europea en defensa de un maravilloso modelo revolucionario colectivista, pero, según todos los síntomas, estamos ante una sociedad más bien prudente, saturada de discursos políticos, compuesta por personas que, cada vez que pueden, se marchan precisamente a los países capitalistas más prósperos para tratar de desarrollar proyectos individuales. De donde se deduce que los cubanos lo que realmente quisieran es tener una vida pacífica y tranquila, en la que puedan alcanzar cierto bienestar económico que les permita vivir en su país decorosamente sin necesidad de emigrar. Es decir, Castro ha matado en los cubanos el espíritu revolucionario, como Franco mató en España el espíritu autoritario.

Octava. Hay que descartar de plano la peregrina disposición de Castro por la que ordena la parálisis total de la historia cubana y establece que el sistema revolucionario colectivista nunca será sustituido. Fidel, como Franco, piensa que tiene el futuro "atado y bien atado", pero eso no es cierto. Como se ha recordado en estos papeles, ni el gobierno ni sus adversarios se han mantenido siempre en la misma posición. Unos y otros han tenido que adaptarse a circunstancias fuera de control o a cambios en las tendencias históricas. Es verdad que Castro —como le sucedió a Franco— se aferra a unas ideas y a una visión del mundo totalmente anacrónicas; y es verdad que Castro —como Franco mientras vivió— ha podido retardar el proceso de adaptación de Cuba al mundo cultural e histórico al que la nación cubana pertenece, pero parece imposible que una imposición tan anómala y arbitraria pueda mantenerse indefinidamente.

Un claro síntoma del inevitable fracaso del propuesto "comunismo for ever" que Castro pretende imponerles a los cubanos puede observarse en el crecimiento espontáneo de la sociedad civil cubana, pese a las infinitas presiones y al acoso que padecen quienes prestan su concurso a estas iniciativas, frente al comportamiento desvitalizado y rutinario del sector oficial. Mientras las instituciones comunistas permanecen necrosadas y sin ilusiones —desde el Partido hasta la FEU, pasando por la CTC—, funcionando por la inercia del poder, pero sin entusiasmo, en el seno de la sociedad cada vez son más quienes se atreven a dar un paso al frente para desafiar al gobierno, al extremo que hoy es posible afirmar que ninguna nación comunista de Occidente, con la excepción de Polonia, jamás contó con una oposición tan nutrida y variada como la que hoy exhibe Cuba. Cuando llegue el momento, esta presión romperá los diques.

Transición o sucesión: el dilema cubano
Cuba para Canadienses[*]

Esta breve charla va encaminada a tratar de responder lo que supuestamente puede despertar la curiosidad de la mayor parte de los canadienses interesados en la Isla. Estoy seguro de que quedan fuera del temario algunos asuntos importantes, pero el tiempo disponible no deja oportunidad para mucho más. El dilema mencionado en el título de estos papeles —transición o sucesión— hace algún tiempo fue formulado por el periodista Roberto Rodríguez Tejera, director de Radio Martí, como resumen de la coyuntura cubana actual, y creo que vale la pena centrarnos dentro de ese esquema. Para abordarlo, utilizaré el viejo y cómodo sistema de preguntas y respuestas. No deja demasiado espacio a la elegancia expresiva, pero suele ser eficaz. Las preguntas —claro— son las más habituales. Las respuestas tal vez no lo sean tanto.

¿Quién manda en Cuba?

A pesar de ser algo obvio, para analizar la situación cubana siempre hay que partir de la base de que Cuba es una dictadura caudillista latinoamericana, organizada con objetivos comunistas por medio de métodos leninistas, pero en la que las instituciones políticas sólo tienen como objeto servir de correa de transmisión a la voluntad del caudillo. En Cuba sólo manda Fidel Castro. Ni el Partido, ni la Administración, ni los sindicatos, ni el Parlamento, ni la Academia ni las

---

[*] Conferencia pronunciada en Ottawa, Canadá, el 30 de Octubre de 2000, bajo los auspicios de FOCAL, The Canadian Foundation for the Americas.

Fuerzas Armadas pueden hacer otra cosa que repetir fielmente el discurso del «Máximo Líder». Sólo se mantiene en el poder el que no se aparta un milímetro de la línea oficial.

A partir de esta premisa, ¿qué pretende hoy Fidel Castro, 41 años después de ocupar el poder?
A sus 74 años, hipertenso, con una amenazante historia de dos derrames cerebrales en la última década, Castro, tras su muerte inevitablemente cercana, quiere prolongar su régimen. Hoy su enemigo es cualquier forma de *transición*, pues ello implicaría un cambio de sistema y su derrota en el plano histórico. Lo que pretende, pues, es organizar su *sucesión*, tratando de reclutar para ello a jóvenes a los que supone dóciles y obedientes, directamente formados por él, como Carlos Lage o Felipe Pérez Roque. Los hombres de su generación no le sirven por razones obvias: son muy viejos y sólo los utiliza —pienso en Machado Ventura— como cancerberos de la doctrina oficial. Es decir, el propósito de Castro es *clonarse* políticamente, y, como aquel emperador chino que enterró un ejército de guerreros de terracota para luchar contra sus enemigos más allá de la muerte, pretende dedicar sus últimos años a sembrar en el panorama político diminutas réplicas rejuvenecidas de sí mismo que perpetúen su «obra» revolucionaria.

¿Es razonable pensar que logrará evitar la *transición* e impondrá la *sucesión*?
No parece probable. Sería muy raro que, tras la muerte de Castro, Cuba siga siendo la excepción comunista y totalitaria en un mundo organizado en torno a los paradigmas de la economía de mercado y la democracia liberal. Especialmente, porque el fracaso económico y las penurias que sufre la ciudadanía son de tal naturaleza que no hay ninguna justificación racional para mantener el sistema. El *Poder Adquisitivo Paritario* de Cuba es hoy el menor de América Latina: USA $1 540. El que le sigue es el de Nicaragua USA $2 100.

¿Y no pesan los factores sicológicos como, por ejemplo, el nacionalismo, la hostilidad a Estados Unidos o el miedo a los exiliados?
Ésas más bien parecen ser las coartadas para racionalizar el inmovilismo del régimen. Por el contrario: tras 41 años de abusar de estas emociones, el gobierno ha descubierto que la sociedad cubana ha desarrollado unas percepciones y actitudes totalmente distintas a las que proclama la propaganda. De once millones de habitantes que hay en la Isla, tres estarían dispuestos a abandonar el país inmediatamente, precisamente rumbo a Estados Unidos, aunque cualquier lugar les parece mejor que el país en que nacieron. No parece, pues, que el antiyanquismo pregonado durante cuatro décadas ha dejado una huella profunda. Más bien parece que sucede a la inversa: nunca los Estados Unidos han sido más populares en Cuba que tras la experiencia del comunismo.

En todo caso, la obsesión principal de la juventud cubana es marcharse de la Isla, pues los jóvenes saben de sobra que el sistema no les ofrece un futuro medianamente aceptable. Lo que explica que frecuentemente, con la mayor discreción, los propios jerarcas comunistas saquen del país a sus familiares más jóvenes. Por otra parte, los exiliados que regresan de visita, lejos de encontrar hostilidad, suelen hallar afecto, coincidencia en los puntos de vista y manifestaciones constantes del deseo de que «acabe esta locura» y se abandone el odio oficialmente decretado. El «miedo al exilio», pues, parece ser una fabricación de la propaganda.

Si Castro intenta consolidar la *sucesión*, pero, tras su muerte, la sociedad desea que se produzca una suerte de *transición*, ¿qué puede suceder?
Muerto Castro, o incapacitado por una embolia cerebral fulminante, o por demencia senil —como le sucedió al tunecino Bourguiba—, su hermano Raúl, primer vicepresidente y jefe de todo el aparato militar, automáticamente se convertirá en el heredero. Pero Raúl no es un caudillo mesiánico como Castro, sino un hombre —dicen quienes fueron sus ami-

gos y compañeros— mucho más sensato y con los pies en la tierra, rasgos que, paradójicamente, lo hacen más vulnerable. Muchas gentes de la estructura de poder piensan que carece de la brillantez de su hermano, es obvio no despierta el menor interés antropológico —al contrario de Fidel—, y los desertores de mayor rango aseguran que genera bastante resistencia dentro de la *nomenklatura*.

¿Estaremos ante un criptodemócrata como el Adolfo Suárez de los españoles, a la espera del momento propicio?
Por supuesto que no. Raúl probablemente intentará militarizar aún más la economía, dándoles más control de las empresas a sus generales favoritos, pero se alejará del énfasis ideológico que Castro inyecta en todas las acciones que acomete. En todo caso, Raúl tiene 70 años y padece de una vieja afección hepática como consecuencia del alcoholismo.

¿Se barajan otros nombres para esa hipotética sucesión?
Se habla de Carlos Lage, pero hay síntomas, por ejemplo, de que Fidel está cada vez más disgustado con Lage. Le parece un tipo desvitalizado y —últimamente— hasta poco fiable. Esto se supo recientemente en Chile, durante la toma de posesión de Lagos, debido a una confidencia (probablemente una *advertencia*) de un funcionario cubano de altísimo rango. También se menciona a Ricardo Alarcón, como el otro *delfín*, pero tampoco es una persona especialmente apreciada por Fidel Castro, aunque lo utiliza. La adhesión incondicional de Alarcón al estalinismo más ortodoxo, algo que se ha acentuado penosamente en los últimos cinco años, lo ha convertido, además, en una persona poco apreciada por la población. Los únicos nombres de dirigentes del gobierno que tienen cierta simpatía popular son Eusebio Leal y Abel Prieto. Leal, porque ha sido un buen funcionario, dedicado tenazmente a reconstruir el caso de La Habana vieja frente a la compulsión *tugurizadora* del castrismo. Prieto, porque al frente del Ministerio de Cultura ha tratado de mantener ciertos espacios abiertos para escritores y artistas, uno de ellos,

por cierto, la posibilidad de marchar al extranjero si son invitados a trabajar temporalmente a dictar conferencias o a participar en seminarios.

¿Podrá Raúl suceder a Fidel y mantener el régimen comunista más o menos intacto?
Supuestamente, lo que ocurrirá —de acuerdo con las previsiones de Fidel— es que habrá una división de funciones. Carlos Lage se encargaría de la administración y Raúl Castro de mantener el control político y militar del país, mientras sostiene la vigencia de la ortodoxia comunista. Pero ese tipo de proyecto suele chocar con las ambiciones de otras personas. Las conspiraciones o los motines que hoy son impensables, no lo serán cuando Fidel Castro desaparezca.

¿Qué ocurrirá con las Fuerzas Armadas?
Muerto o incapacitado Fidel, el aparato militar, que hoy engloba al Ministerio del Interior, se convierte, *de facto*, en la única institución capaz de controlar el poder. ¿Estará segura la autoridad de Raúl al frente de ese organismo? Lo está mientras Fidel viva. Después de su muerte es mucho más difícil asegurar la lealtad de los mandos altos y medios. Las constantes depuraciones y conflictos traslucen que dentro de ese mundo las relaciones son muy tensas. En cualquier caso, si algún militar diera un golpe, la única puerta de salida apuntaría hacia la transición, no a la sucesión. Ése sería el comienzo de un complejo trayecto hacia la economía de mercado, la democracia y la reconciliación con Estados Unidos. En realidad es absurdo pensar que la sucesión del castrismo como una forma permanente de gobierno es lo que ocurrirá en Cuba. Dure lo que dure la sucesión, por los medios que sea —golpe, motines callejeros, negociación pactada— la transición es inevitable. La etapa comunista de Cuba fue el resultado de un periodo histórico muy concreto —la Guerra Fría— y de un caudillo excepcional: Fidel Castro. Desaparecidos ambos factores, lo predecible es que Cuba

retome el perfil del resto de las naciones latinoamericanas a cuya familia cultural pertenece el país.

¿Qué papel jugará Estados Unidos cuando se inicie ese periodo?
Tratará de estabilizar la situación, evitando por todos los medios el envío de tropas. Con dos millones de cubanos y cubano-americanos radicados en Estados Unidos, y con una potencial catástrofe migratoria a 90 millas de Key West —decenas de miles de cubanos tratando de escapar de la Isla rumbo a la Florida—, Washington intentará pactar alguna suerte de transición ordenada, invirtiendo en ello los recursos económicos que hicieren falta. Para Estados Unidos los asuntos cubanos —aunque no les haga nada felices— son asuntos domésticos. Por supuesto, existen planes de ocupación de la Isla en caso de que ocurra en Cuba un caos generalizado y se inicie un «éxodo salvaje», pero se trata de una pesadilla de la que nadie desea hablar demasiado en la capital estadounidense.

¿Qué pasará con las inversiones extranjeras en la Isla en caso de que se inicie la transición?
Es casi inevitable que surjan agrios conflictos de carácter jurídico estimulados por razones políticas y por bufetes de abogados estadounidenses en los que hay buenos profesionales cubano americanos con amplia experiencia en jugosos litigios internacionales. Por una parte, el nuevo gobierno tendrá la tentación de revisar los acuerdos previos suscritos por la dictadura en virtud de las numerosas violaciones de los reglamentos de la *Organización Internacional del Trabajo*, institución a la que pertenece la Isla. Por otra, eso dejará la puerta abierta a demandas de los trabajadores de esas empresas, algo parecido a lo sucedido a las compañías alemanas por la utilización de mano de obra carente de derechos sindicales durante el nazismo. No importa que hoy los cubanos que trabajan en empresa mixtas sean unos privilegiados con relación a los otros trabajadores del país: cuando

Cuba: Un siglo de doloroso aprendizaje

exista un Estado de Derecho demandarán a la parte extranjera de los *joint-ventures*, simplemente porque las leyes y los precedentes así lo permiten. En ese sentido, algunas organizaciones de disidentes dentro de la Isla ya han hecho advertencias escritas que auguran ese tipo de conflicto futuro.

¿Es conveniente, para un empresario extranjero, *posicionarse* en Cuba ahora para esperar la transición ya instalados en la Isla, o es preferible esperar?
Acudir ahora parece ser una decisión demasiado riesgosa. Nadie puede predecir cuándo o cómo se va a producir la transición, pues está sujeta a la desaparición física del Comandante. Hoy las reglas no son claras. No hay garantías jurídicas y resulta impensable esperar justicia de los tribunales nacionales. Ni siquiera es segura la moneda en que se realizan las transacciones, pues una y otra vez el gobierno habla del carácter provisional que tiene la libre tenencia de dólares que hoy se tolera. Eso puede cambiar mañana, como sucedió hace unos meses con la compra de bienes inmuebles por extranjeros. Primero se permitió y luego se prohibió. La verdad es que el gobierno —Fidel Castro— siente una profunda repugnancia por los capitalistas y por la economía de mercado. El sentido común y la prudencia aconsejan esperar para ver en qué dirección se mueve el país.

¿Se puede hacer algo para acelerar la *transición*?
Tras la guerra de Kosovo, la Unión Europea y los países de la OTAN, entre ellos Canadá, interesados en la democratización de Yugoslavia, emprendieron una campaña de presiones diplomáticas, económicas y políticas que llegó al extremo de advertir que las sanciones no se levantarían si Milosevich ganaba las elecciones de septiembre del 2000. ¿Cuál era la premisa de esa estrategia? Evidente: acelerar la transición hacia la democracia de esa sociedad, haciéndoles ver a los yugoslavos que no había más opción que la democracia, puesto que la continuidad de Milosevich y del comunismo estaba condenada al permanente rechazo de las potencias

democráticas. Ésa parecía ser la forma de contribuir al fin de la última dictadura comunista de Europa. Si el mismo esquema de razonamiento se aplica a Cuba, donde hay un dictador tan (o más) estalinista que Milosevich —en Yugoslavia al menos había partidos políticos de oposición y prensa crítica—, lo lógico es presionar a Castro en todos los foros, denunciar sus constantes violaciones de los Derechos Humanos, y transmitir una y otra vez a la estructura de poder dentro de Cuba, que hay vida después de Castro, incluso vida brillante y llena de oportunidades, pero que ese mejor destino está sujeto al momento en que se inicie la transición hacia la libertad. Esa postura, si es mantenida con firmeza por las grandes democracias de Occidente, debería servir de aliciente y estímulo a las fuerzas reformistas dentro de la Isla.